ELMAR KALTHOENER

Probleme aus dem strafprozessualen Recht der Wiedereinsetzung in den vorigen Stand

NEUE KÖLNER RECHTSWISSENSCHAFTLICHE ABHANDLUNGEN

HERAUSGEGEBEN VON
DER RECHTSWISSENSCHAFTLICHEN FAKULTÄT
DER UNIVERSITÄT ZU KÖLN

HEFT 9

Berlin 1957

WALTER DE GRUYTER & CO.
vormals G. J. Göschen'sche Verlagshandlung · J. Guttentag, Verlagsbuchhandlung
Georg Reimer · Karl J. Trübner · Veit & Comp.

Probleme aus dem strafprozessualen Recht der Wiedereinsetzung in den vorigen Stand

Von

Dr. Elmar Kalthoener

Köln-Deutz

Berlin 1957

WALTER DE GRUYTER & CO.

vormals G. J. Göschen'sche Verlagshandlung · J. Guttentag, Verlagsbuchhandlung
Georg Reimer · Karl J. Trübner · Veit & Comp.

Archiv-Nr. 27 08 57 / 9
Satz und Druck: I/10/14 Walter de Gruyter & Co., Trebbin Kr. Luckenwalde

5000/306/56

Inhaltsverzeichnis

Literaturverzeichnis

(nebst Angabe der jeweiligen Zitierweise)

AMELUNXEN	Die Staatsanwaltschaft als Symbol des Gerechtigkeitswillens des Staates, DRiZ 1955, 92 f.
ARNDT, Adolf	Rechtsmitteleinlegung im Strafverfahren durch Vertreter, GS 98, 133 ff.
ARNOLD, Egon	Anmerkung in D. Rpfl. 1952, 84
BAUER, Wilhelm	Anmerkung in Verw. Rspr. 1949, 516 zu Nr. 30
BAUMBACH-LAUTERBACH	= Baumbach-Lauterbach, Kommentar zur Zivilprozeßordnung, 23. Auflage, München und Berlin 1954
BELING	= Beling, Ernst, Deutsches Reichsstrafprozeßrecht mit Einschluß des Strafgerichtsverfassungsrechts, Berlin und Leipzig 1928
BELING, Ernst	Literaturbericht über das Strafprozeßrecht in ZStrW 27, 792 ff.
BELING, Ernst	Rechtsprechung des Reichsmilitärgerichts vom 6. Oktober 1902 bis 19. April 1912 (Entscheidungen des Reichsmilitärgerichts Bd. 4—61) auf dem Gebiete des Strafprozeßrechts, ZStrW 38, 465 ff.
BELING, Ernst	Anmerkung in JW 1925, 1543 f. zu Nr. 8
BENKARD	= Benkard, Georg, Kurzkommentar zum Patent-, Gebrauchsmuster- und Patentanwaltsgesetz, 3. Auflage, München und Berlin 1954
BENNECKE-BELING	= Bennecke-Beling, Lehrbuch des Deutschen Reichsstrafprozeßrechts, Breslau 1900
BERGMANN	Fristen und Termine, Versäumung und Wiedereinsetzung im Erbhofverfahren, JW 1937, 2079 ff.
BINDING	= Binding, Karl, Grundriß des Deutschen Strafprozeßrechts, 5. Auflage, Leipzig 1904
BINDING, Karl	Die Wirkungen des Eintritts der Staatsanwaltschaft in das Privatklageverfahren, GS 72, 1 ff.
BOEHM	Die Wiedereinsetzung von Strafurteilen und die Anfechtung der Urteile mit Rechtsmitteln, JR 1925, 664 ff.
de BOOR	= de Boor, Hans Otto, Rechtsstreit einschließlich Zwangsvollstreckung, Ein Grundriß, Berlin 1940
BÖTTICHER	Anmerkung in AP 1953, 269 ff. zu Nr. 191, 192 und 193
BRETZFELD	Der Antrag auf gerichtliche Entscheidung nach § 172 StPO, BayrZ. 1928, 149 ff.
BRÜCKNER, G.	Strafantragsfrist (§ 61 StGB), NJW 1954, 1717 f.

BUDER	= Buder, Ernst, Die Wiedereinsetzung in den vorigen Stand nach der Reichszivilprozeßordnung, Dissertation Universität Tübingen, München 1902
BUHMANN	= Buhmann, Karl, Die Einlegung von Rechtsmitteln seitens der Staatsanwaltschaft zu Gunsten des Beschuldigten und anderer am Strafprozeß beteiligten Personen nach § 338 II der Reichsstrafprozeßordnung, Dissertation Universität Tübingen, München 1890
COENDERS, Albert	Über den Strafantrag und die Priviatklage der Nichtverletzten, GS 83, 286 ff.
CZAPSKI, Georg	Anmerkung in NJW/RzW 1952, 228 f. zu Nr. 6
DAGUIN	= Daguin, Fernand, Code de procédure pénale Allemand, Paris 1884
DALCKE	= Dalcke, Strafrecht und Strafverfahren, Eine Sammlung der wichtigsten Gesetze des Strafrechts und des Strafverfahrens mit Erläuterungen, 36. Auflage, Berlin 1955
DALCKE	Über die Innehaltung der Fristen aus § 172 der StPO, GA 40, 256 ff.
DALLINGER, Wilhelm	Gerichtsverfassung und Strafverfahren, JZ 1953, 432 ff.
DASSEL, v.	Eine Lücke in der Strafprozeßordnung, Recht 1910, 169 f.
DAUDE	= Daude, P., Die Strafprozeßordnung für das Deutsche Reich und das Gerichtsverfassungsgesetz mit den Entscheidungen des Reichsgerichts, 11. Auflage, München und Berlin 1924
DELIUS	Neue Beiträge zur Auslegung des § 170 StPO, GA 43, 177 ff.
DERNEDDE	Anmerkung in DVBl. 1953, 704 f.
DIETZ-HÜLLE	= Dietz-Hülle, Die Militärstrafgerichtsordnung für das Deutsche Reich, Kommentar, Berlin 1935
DITZEN	Aus den ersten sechs Bänden der Entscheidungen des Reichsmilitärgerichts, GA 52, 363 ff.
DRIESSEN	= Driessen, Eduard, Die Form- und Fristerfordernisse der beiden Hauptrechtsbehelfe Berufung und Revision im Strafprozeß (unter besonderer Berücksichtigung ihrer Auffassung und Auslegung in der Praxis der Gerichte), Dissertation Universität Bonn, 1928
DRUCKER	Anmerkung in JW 1928, 756 zu Nr. 54
ERBS	= Erbs, Georg, Handkommentar zur Strafprozeßordnung, Frankfurt und Bonn 1950
EWALD	Schuld des Verteidigers als unabwendbarer Zufall, Zu § 44 StPO, GA 36, 80 ff.
FEISENBERGER	= Feisenberger, Albert, Strafprozeßordnung und Gerichtsverfassungsgesetz, Handkommentar, Berlin und Leipzig 1926

FELLMANN — Zur Frage der Verjährung im Falle der Wiedereinsetzung in den vorigen Stand, BayrZ. 1927, 23 f.

FRANK = Frank, Reinhard, Das Strafgesetzbuch für das Deutsche Reich, Kommentar, 18. Auflage, Tübingen 1931

FRIEDLAENDER — Anmerkung in JW 1922, 1048 zu Nr. 2

FRIEDLAENDER — Anmerkung in JW 1927, 842 f. zu Nr. 6

FRIEDLAENDER — Anmerkung in JW 1928, 430 f. zu Nr. 20

FRIEDRICHS, Karl — Büroversehen als Wiedereinsetzungsgrund, JW 1930, 103 ff.

FRIEDRICHS, Karl — Anmerkung in JW 1930, 546 f. zu Nr. 5 B

GAGE-SARSTEDT = Gage-Sarstedt, Die Revision in Strafsachen, 3. Auflage, Essen 1954

GALLI — Besprechung von RGStr. 40 in DJZ 1907, 1352 ff.

GERLAND = Gerland, Heinrich, Der Deutsche Strafprozeß, Eine systematische Darstellung, Mannheim, Berlin und Leipzig 1927

GERLAND, Heinrich — Die systematische Stellung des Privatklageverfahrens im Strafprozeß, GS 60, 157 ff.

GERLAND, Heinrich — Dogmatische Beiträge zur Auslegung der Militärstrafgerichtsordnung im Anschluß an die Entscheidungen des Reichsmilitärgerichtes, GS 69, 194 ff.

GLASER = Glaser, Julius, Handbuch des Strafprozesses, II. Band Leipzig 1885

GOEDEL — Kann im Strafverfahren die Wiedereinsetzung in den vorigen Stand zur Nachbringung von Revisionsrügen beansprucht werden?, JW 1938, 496 f.

GOLDSCHMIDT = Goldschmidt, James, Der Prozeß als Rechtslage, Berlin 1925

GOLDSCHMIDT, Martin — Anmerkung in JW 1929, 3151 f. zu Nr. 4

GÖRCK — Anmerkung in JR 1951, 215 f.

GÖRRES, K. H. — Über das Verschulden im Prozesse, ZZP 34, 1 ff.

GOSSRAU — Anmerkung in NJW 1947/48, 529 f. zu Nr. 8

GRISEBACH — Anmerkung in DStrR. 1934, 270 f.

GUTTMANN — Anmerkung in ZZP 52, 326

HAHN = Die gesamten Materialien zur Strafprozeßordnung mit dem Einführungsgesetz zu derselben vom 1. Februar 1877, I. und II. Abteilung, herausgegeben von C. Hahn, Berlin 1881

HENKEL = Henkel, Heinrich, Strafverfahrensrecht, Ein Lehrbuch, Stuttgart und Köln 1953

HENKEL, Grdr. = Henkel, Heinrich, Strafverfahrensrecht, Ein Grundriß, Salzgitter-Hildesheim 1950

HIPPEL, v. = Hippel, Robert v., Der Deutsche Strafprozeß, Lehrbuch, Marburg 1941

HOCHE = Hoche, Ulrich, Zivilprozeßrecht, Ein Lehrbuch für Studium und Praxis, 2. Auflage, Darmstadt 1954

HOLTZENDORFF = Holtzendorff, Fr. v., Handbuch des deutschen Strafprozeßrechts, In Einzelbeiträgen, Band I und II, Berlin 1879

HÜMMER Beschwerderecht des Staatsanwalts gegen den das Wiedereinsetzungsgesuch des Angeklagten zurückweisenden Gerichtsbeschluß, DJZ 1906, 1361 f.

JAGUSCH Anmerkung in LM § 44 StPO Nr. 1, Anmerkung

JOHANNSEN Die Wiedereinsetzung in den vorigen Stand nach der Rechtsprechung des BGH, NJW 1952, 525 ff.

JONAS Anmerkung in JW 1932, 1350 f. zu Nr. 8

JONAS Anmerkung in JW 1937, 1666 f. zu Nr. 32

KEIDEL = Keidel, Kommentar zum Gesetz über die Angelegenheiten der freiwilligen Gerichtsbarkeit, 5. Auflage, München und Berlin 1952

KERN = Kern, Eduard, Strafverfahrensrecht, Ein Studienbuch, 3. Auflage, München und Berlin 1953

KIRCHNER Die Entwicklung des Strafverfahrensrechts in der Rechtsprechung des Obersten Spruchgerichtshofs, Spr. Ger. 1949, 68 ff.

KLEFISCH, Theodor Anmerkung in JW 1930, 665 zu Nr. 37

KLEINFELLER Besprechung zu Struckmann-Koch, Kommentar zur Zivilprozeßordnung, 8. Auflage 1901, Krit. Viert. J. Schr. 45, 41 ff.

KMR = Kleinknecht, Müller, Reitberger, Kommentar zur Strafprozeßordnung und zum Gerichtsverfassungsgesetz, 3. Auflage, Darmstadt 1954

KOCH = Koch, J. B., Die Strafprozeßordnung für das Deutsche Reich und das Gerichtsverfassungsgesetz, Kommentar, München, Berlin und Leipzig 1920

KÖHLER, August Die Lehre von der Verteidigung nach der Reichsstrafprozeßordnung, GS 53, 321 ff.

KÖHLER Anmerkung in JW 1932, 1765 zu Nr. 6

KOHLHAAS, Max Das Klageerzwingungsverfahren in seiner neuen Form, GA 1954, 129 ff.

KOHLHAAS, Max Keine Wiedereinsetzung in Strafsachen bei Nichteinhaltung der eigentlichen Revisionsbegründungsfrist und Erhebung der allgemeinen Sachrüge?, NJW 1955, 742

KOHLRAUSCH = Kohlrausch, Eduard, Strafprozeßordnung und Gerichtsverfassungsgesetz, Textausgabe mit Einleitung, Anmerkungen und Sachregister, Guttentagsche Sammlung Deutscher Reichsgesetze Nr. 12, 19. Auflage, Berlin und Leipzig 1922

KOHLRAUSCH-LANGE	= Kohlrausch-Lange, Strafgesetzbuch mit Erläuterungen und Nebengesetzen, 39. und 40. Auflage, Berlin 1950
KRIES, v.	= Kries, August v., Lehrbuch des Deutschen Strafprozeßrechts, Freiburg 1892
LEHMANN	= Lehmann, Heinrich, Allgemeiner Teil des Bürgerlichen Gesetzbuches, 7. Auflage, Berlin 1952
LERSCH	Anmerkung in LM § 233 ZPO Nr. 32, Anmerkung.
LISSNER	Waffengleichheit im Privatklageverfahren, GS 101, 229 ff.
LK	= Leipziger Kommentar, Strafgesetzbuch nach dem neuesten Stand der Gesetzgebung, begründet von Ludwig Ebermayer, Adolf Lobe und Werner Rosenberg, herausgegeben von Johannes Nagler, Heinrich Jagusch und Edmund Mezger, 7. Auflage Band I, Berlin 1954, 6. und 7. Auflage Band II, herausgegeben von Johannes Nagler, Berlin 1951
LOEWENHEIM	Zur Frage der Wiedereinsetzung in den vorigen Stand bei Verschulden des Rechtsanwalts, NJW 1947/48, 516 ff.
LÖWENSTEIN	= Löwenstein, Siegfried, Die Revision in Strafsachen, 3. Auflage, Berlin 1933
LÖWENSTEIN, Siegfr.	Anmerkung in JW 1920, 150 zu Nr. 4
LÖWENSTEIN, Siegfr.	Anmerkung in JW 1926, 1239 zu Nr. 9
LÖWENSTEIN, Siegfr.	Anmerkung in JW 1926, 2770 zu Nr. 1
LÖWENSTEIN, Siegfr.	Anmerkung in JW 1930, 3429 f. zu Nr. 8
LOHSING	= Lohsing, Ernst, Österreichisches Strafprozeßrecht, Eine systematische Darstellung, 2. Auflage, Graz und Wien 1920
LÖWE-ROSENBERG	= Löwe-Rosenberg, Die Strafprozeßordnung und das Gerichtsverfassungsgesetz, Kommentar, 20. Auflage, Berlin 1953
LUCAS, Hermann	Anmerkung in JW 1931, 1799 ff. zu Nr. 11
MAMROTH	Anmerkung in JW 1918, 623 zu Nr. 4
MANNHEIM	Anmerkung in JW 1928, 2718 zu Nr. 17
MARWITZ	Die Erteilung des Rechtskraftzeugnisses beim Vorliegen eines Antrags auf Wiedereinsetzung in den vorigen Stand, DJZ 1903, 26 f.
MAT. ZPO-NOVELLE	= Materialien zu den Reichs-Justizgesetznovellen 1897—1898, I. Band: Die Materialien zur Zivilprozeßordnung, Berlin 1898
MAURACH I	= Maurach, Reinhart, Deutsches Strafrecht, Allgemeiner Teil, Ein Lehrbuch, Karlsruhe 1954
MEYER-ZÖLLER	= Meyer-Zöller, Zivilprozeßordnung und Gerichtsverfassungsgesetz, Kommentar, 6. Auflage, Regensburg 1951
MÜNZEL, Karl	Anmerkung in ZZP 56, 343 ff.

NAUMANN		Wiedereinsetzung und Vertreterverschulden im verwaltungsgerichtlichen Verfahren, DVBl. 1949, 9 ff.
NIKISCH	=	Nikisch, Arthur, Zivilprozeßrecht, Ein Lehrbuch, Tübingen 1950
OERTEL	=	Oertel, Walter, Die Grundgedanken der Rechtsbehelfe im deutschen Strafverfahren. Geschichtliche Entwicklung und Vergleich mit dem englischen und französischen Recht, Dissertation (Maschinenschrift) Universität Tübingen, 1948
OETKER		Strafanspruch und strafprozessualer Parteibegriff, GS 108, 1 ff.
OLBRICHT		Wiedereinsetzung in den vorigen Stand. Darf ein mit einem Rechtsmittel anfechtbarer Beschluß von dem Gericht, das ihn erlassen hat, wieder aufgehoben werden, GA 69, 44 ff.
OLSHAUSEN	=	Olshausen, v., Kommentar zum Strafgesetzbuch, 12. Auflage, Berlin 1942
PESTALLOZZA	=	Pestallozza, Baldur Graf von, Die römisch rechtlichen Grundlagen der Wiedereinsetzung in den vorigen Stand im heutigen Strafverfahren, Dissertation Universität Berlin, 1939
PETERS, C.		Wiedereinsetzung, Wiederaufnahme und zwischenzeitlich erworbene Rechte Dritter, MDR 1954, 193 ff.
PETERS	=	Peters, Karl, Strafprozeß, Ein Lehrbuch, Karlsruhe 1952
PETERSEN	=	Petersen, Julius, Kommentar zur Zivilprozeßordnung, 5. Auflage, Lahr 1905
PINZGER		Wirkung der Wiedereinsetzung im patentamtlichen Verfahren, GRUR 1932, 827 ff.
PLANCK	=	Planck, Julius Wilhelm, Lehrbuch des Deutschen Zivilprozeßrechts, II. Band, Besonderer Teil, München 1896
PLUMEYER		Die Rechtsmittelbelehrung bei Verwerfung des Einspruchs oder des Antrags auf gerichtliche Entscheidung, GA 77, 262 ff.
POPPE, Werner		Die Bewilligung des Armenrechts im Klageerzwingungsverfahren, NJW 1953, 1500 f.
POTRYKUS		Zum Wiedereinsetzungsrecht des gesetzlichen Vertreters in Jugendstrafsachen, NJW 1954, 1836 f.
PROTOKOLLE	=	Protokolle der Kommission für die Reform des Strafprozesses, herausgegeben vom Reichs-Justizamte, I. und II. Band, Berlin 1905
REIMER	=	Reimer, Eduard, Kommentar zum Patentgesetz und Gesetz betreffend den Schutz von Gebrauchsmustern, Band II, 1950
REINICKE, G. und D.		Die Auslegungsgrundsätze des Bundesgerichtshofes, NJW 1951, 681 ff.
RILK, Otto		Anmerkung in JW 1934, 172 f. zu Nr. 21

ROSENBERG	= Rosenberg, Leo, Lehrbuch des Deutschen Zivilprozeßrechts, 6. Auflage, München und Berlin 1954
ROSENBERG, Leo	Anmerkung in DRZ 1949, 449
ROSENBERG, Leo	Anmerkung in JZ 1953, 310
ROSENFELD	= Rosenfeld, Ernst Heinrich, Der Reichsstrafprozeß, Berlin 1901
RUDOLPH, Horst	Die Wiedereinsetzung in den vorigen Stand und nachträgliche Doppelehe, JR 1954, 4 ff.
RUTKOWSKY	Anmerkung in NJW 1953, 38
SARSTEDT	Anmerkung in JR 1955, 29 f.
SARSTEDT	Anmerkung in JR 1955, 233
SCHADE, Hans	Zur Wiedereinsetzung in den vorigen Stand im patentamtlichen Verfahren, GRUR 1953, 49 ff.
SCHÄFER, H.	Anmerkung in JZ 1951, 342
SCHMIDT	= Schmidt, Eberhard, Lehrkommentar zur Strafprozeßordnung und zum Gerichtsverfassungsgesetz, Göttingen 1952 ff.
SCHMIDT, Eberhard	Die Rechtsstellung der Staatsanwaltschaft MDR 1951, 1 ff.
SCHNEIDEWIN, Karl	Fehlerhafte Revisionsbegründungen in Strafsachen, JW 1923, 345 ff.
SCHNEIDEWIN, Karl	Der erste Band der Entscheidungen des Bundesgerichtshofes in Strafsachen, NJW 1952, 681 ff.
SCHNEIDEWIN	= Schneidewin, Karl, Zur Entwicklung der Rechtsprechung des Reichsgerichts: „Die Rechtsprechung in Strafsachen", in: Fünfzig Jahre Reichsgericht am 1. Oktober 1929, 270 ff.
SCHÖNKE	= Schönke, Adolf, Strafgesetzbuch, Kommentar, 6. Auflage, München und Berlin 1952
SCHÖNKE, Adolf	Anmerkung in SJZ 1947, 678 ff.
SCHÖNKE, Adolf	Anmerkung in JZ 1952, 431
SCHREIBER, Josef	Widerklage und Strafantragsfristen. Verhältnis des § 388 StPO zu § 198 StGB, NJW 1949, 497 f.
SCHULTZE	= Schultze, Von den prozessualen Zeitbestimmungen, insbesondere den Fristen, Festgabe für Julius Wilhelm von Planck, Straßburg 1887, 1 ff.
SCHULTZENSTEIN	Zur Wiedereinsetzung in den vorigen Stand gegen die Versäumung von Notfristen, ZZP 39, 1 ff.
SCHWALBACH, Theodor	Über die Zeitbestimmungen im Zivilprozeß, AcP 66, 251 ff.
SCHWARZ StGB	= Schwarz, Otto, Strafgesetzbuch mit Nebengesetzen und Verordnungen, Kurzkommentar, 18. Auflage, Berlin und München 1955
SCHWARZ	= Schwarz, Otto, Strafprozeßordnung, Gerichtsverfassungsrecht und Nebengesetze, Kurzkommentar, 17. Auflage, Berlin und München 1954

SCHWARZE, v.	= Schwarze, Friedrich Oskar v., Kommentar zu der Deutschen Strafprozeßordnung, Leipzig 1878
SEUFFERT, Lothar v.	Zur Zivilprozeßnovelle, ZZP 35, 65 ff.
SIEGEL	Darf im Strafprozesse dem Gesuche um Wiedereinsetzung in den vorigen Stand stattgegeben werden, wenn die Versäumung in einer Verschuldung des bevollmächtigten Rechtsanwalts ihren Grund hat?, GS 42, 277 ff.
SIEGERT	= Siegert, Karl, Die Prozeßhandlungen, ihr Widerruf und ihre Nachholung, Berlin 1929
SPERL	= Sperl, Hans, Lehrbuch der bürgerlichen Rechtspflege, Band I, Wien 1925
STEIN	= Stein, Friedrich, Grundriß des Zivilprozeßrechts und des Konkursrechts, 3. Auflage, Tübingen 1928
STEIN, Friedrich	Anmerkung in JW 1920, 149 f. zu Nr. 3
STEIN-JONAS-SCHÖNKE	= Stein-Jonas-Schönke, Kommentar zur Zivilprozeßordnung, 17. Auflage, Tübingen 1949
STENGLEIN	= Stenglein, M., Lehrbuch des Deutschen Strafprozeßrechts, Stuttgart 1887
STERN, Hugo	Anmerkung in JW 1927, 533 zu Nr. 8
STRAUSS	Die Wiedereinsetzung in den vorigen Stand, GS 108, 41 ff.
SYDOW-BUSCH	= Sydow-Busch, Kommentar zur Zivilprozeßordnung, 22. Auflage, Berlin 1941
TETZNER	= Tetzner, Heinrich, Kommentar zum Patentgesetz und zum Gebrauchsmustergesetz, 2. Auflage, Nürnberg und Düsseldorf 1951
THILO	= Thilo, G., Die Strafprozeßordnung für das Deutsche Reich, Kommentar, Berlin 1878
TÖWE	Der Strafantrag, GS 112, 22 ff.
ULLMANN	= Ullmann, Emanuel, Lehrbuch des Deutschen Strafprozeßrechts, München 1893
VOLKMAR	Anmerkung in LAG. 28, 83
WALSMANN, Hans	Anmerkung in JW 1933, 573 zu Nr. 1
WELZEL	= Welzel, Hans, Das Deutsche Strafrecht, Eine systematische Darstellung, 4. Auflage, Berlin 1954
WOERMANN, Ernst	Anmerkung in BB 1951, 896

Abkürzungen

a. a. O.	am angegebenen Ort
AcP	Archiv für civilistische Praxis
a. Ende	am Ende
a. F.	alter Fassung
Alsb. E.	Die strafprozessualen Entscheidungen der Oberlandesgerichte, herausgegeben von Max Alsberg
AO	Abgabenordnung
AP	Arbeitsrechtliche Praxis
ArbG	Arbeitsgericht
Art.	Artikel
BAH	Entscheidungen des Bundesamtes für Heimatwesen
BayrObLG	Bayrisches Oberstes Landesgericht
BayrObLGStr.	Entscheidungen des Bayrischen Obersten Landesgerichtes in Strafsachen
Bayr. VGH	Bayrischer Verwaltungsgerichtshof
BayrZ.	Zeitschrift für Rechtspflege in Bayern
BB	Der Betriebsberater
bzw.	beziehungsweise
BFH	Entscheidungen des Bundesfinanzhofes
BGB	Bürgerliches Gesetzbuch
BGG	Grundgesetz der Bundesrepublik Deutschland
BGH	Bundesgerichtshof
BGHStr.	Entscheidungen des Bundesgerichtshofes in Strafsachen
BGHZ	Entscheidungen des Bundesgerichtshofes in Zivilsachen
BVerwG	Bundesverwaltungsgericht
B. Verw. G. G.	Gesetz über das Bundesverwaltungsgericht
DJZ	Deutsche Juristenzeitung
DNotZ	Deutsche Notar Zeitschrift
DOG	Deutsches Obergericht für das Vereinigte Wirtschaftsgebiet
DPA	Deutsches Patentamt
DR	Deutsches Recht

DRiZ	Deutsche Richterzeitung
D. Rpfl.	Der Deutsche Rechtspfleger
DRZ	Deutsche Rechts-Zeitschrift
DStrR.	Deutsches Strafrecht
DV	Deutsche Verwaltung
DVBl.	Deutsches Verwaltungsblatt
DVO	Durchführungsverordnung
f.	folgender
ff.	folgende
FG	Finanzgericht
FGG	Gesetz über die Angelegenheiten der freiwilligen Gerichtsbarkeit
GA	Goltdammer's Archiv für Strafrecht
GebrMG	Gebrauchsmustergesetz
GeschmMG	Gesetz, betreffend das Urheberrecht an Mustern und Modellen („Geschmacksmustergesetz")
Gruchot	Beiträge zur Erläuterung des Deutschen Rechts, begründet von Gruchot
GRUR	Gewerblicher Rechtsschutz und Urheberrecht
GS	Der Gerichtssaal
GVG	Gerichtsverfassungsgesetz
Hess. VGH	Hessischer Verwaltungsgerichtshof
HEStr.	Sammlung der Entscheidungen der Oberlandesgerichte und der Obersten Gerichte in Strafsachen
HRR	Höchstrichterliche Rechtsprechung
HRR Strafs.	Höchstrichterliche Rechtsprechung auf dem Gebiete des Strafrechts, herausgegeben von A. Feisenberger, Sonderbeilage der ZStrW, 3 Bände 1925—1928
Jb. Württ. Rpfl.	Jahrbücher der Württembergischen Rechtspflege
JMBlNRW	Justizministerialblatt für das Land Nordrhein-Westfalen
JR	Juristische Rundschau
JW	Juristische Wochenschrift
JZ	Juristenzeitung
KG	Kammergericht
KGJ	Jahrbuch für Entscheidungen des Kammergerichts in Sachen der nichtstreitigen Gerichtsbarkeit und in Strafsachen
Krit. Viert. J. Schr.	Kritische Vierteljahresschrift für Gesetzgebung und Rechtswissenschaft

KunstUrhG	Gesetz, betreffend das Urheberrecht an Werken der bildenden Künste und der Photographie
LAG	Landesarbeitsgericht
LAG.	Entscheidungen des Reichsarbeitsgerichtes und der Landesarbeitsgerichte, II. Abteilung (Entscheidungen der Landesarbeitsgerichte)
LG	Landgericht
LitUrhG	Gesetz, betreffend das Urheberrecht an Werken der Literatur und der Tonkunst
LM	Nachschlagewerk des Bundesgerichtshofes (Lindenmaier-Möhring)
l. Sp.	linke Spalte
LVG	Landesverwaltungsgericht
LZ	Leipziger Zeitschrift
m. E.	meines Erachtens
MDR	Monatsschrift für Deutsches Recht
MDR/B	Monatsschrift für Deutsches Recht, Beilage: Rechtssätze des Bundesgerichtshofes, vorgesehen für das Amtliche Nachschlagewerk
MStGO	Militärstrafgerichtsordnung
Nds. Rpfl.	Niedersächsische Rechtspflege
NJ	Neue Justiz
NJW	Neue Juristische Wochenschrift
NJW/RzW	Neue Juristische Wochenschrift: Rechtsprechung zum Wiedergutmachungsrecht
Nr.	Nummer
OG	Oberstes Gericht der Deutschen Demokratischen Republik
OGH	Oberster Gerichtshof für die Britische Zone
OGHStr.	Entscheidungen des Obersten Gerichtshofes für die Britische Zone in Strafsachen
OGHZ	Entscheidungen des Obersten Gerichtshofes für die Britische Zone in Zivilsachen
OLG	Oberlandesgericht
OLG Rspr.	Die Rechtsprechung der Oberlandesgerichte auf dem Gebiete des Zivilrechts
OSprGH	Oberster Spruchgerichtshof für die Britische Zone in Hamm
OVG	Oberverwaltungsgericht
PatG	Patentgesetz
Preuß. OVG	Preußisches Oberverwaltungsgericht
Preuß. OVG.	Entscheidungen des Preußischen Oberverwaltungsgerichtes

RAG	Reichsarbeitsgericht
RAG.	Entscheidungen des Reichsarbeitsgerichtes und der Landesarbeitsgerichte, I. Abteilung (Entscheidungen des Reichsarbeitsgerichtes)
RdA	Recht der Arbeit
Recht	Das Recht
RErbhG	Reichserbhofgericht
RFH	Reichsfinanzhof
RFH.	Entscheidungen des Reichsfinanzhofes
RG	Reichsgericht
RGStr.	Entscheidungen des Reichsgerichts in Strafsachen
RGZ	Entscheidungen des Reichsgerichts in Zivilsachen
RLG	Reichsleistungsgesetz
RMG	Reichsmilitärgericht
RMG.	Entscheidungen des Reichsmilitärgerichtes
RPA	Reichspatentamt
r. Sp.	rechte Spalte
RVA	Reichsversicherungsamt
RVO	Reichsversicherungsordnung
SchlHA	Schleswig-Holsteinsche Anzeigen
Seuff. A.	Seuffert's Archiv für Entscheidungen der obersten Gerichte in den deutschen Staaten
Seuff. Bl.	Seuffert's Blätter für Rechtsanwendung
SJZ	Süddeutsche Juristenzeitung
Spr. Ger.	Die Spruchgerichte
StGB	Strafgesetzbuch
StPO	Strafprozeßordnung
u. a.	und andere
UnlWG	Gesetz gegen den unlauteren Wettbewerb
Verw. Rspr.	Verwaltungsrechtsprechung in Deutschland, Sammlung oberstrichterlicher Entscheidungen aus dem Verfassungs- und Verwaltungsrecht
VG	Verwaltungsgericht
VGG	Gesetz über die Verwaltungsgerichtsbarkeit (Amerikanische Zone)
VGH	Verwaltungsgerichtshof
vgl.	vergleiche
VO 165	Militärregierungs-Verordnung Nr. 165, Verwaltungsgerichtsbarkeit in der Britischen Zone

Warn.	Die Rechtsprechung des Reichsgerichts auf dem Gebiete des Zivilrechts, herausgegeben von Dr. Otto Warneyer
Warn. J.	Warneyers Jahrbuch der Entscheidungen, Ergänzungsband, Die Rechtsprechung des Reichsgerichts auf dem Gebiete des Zivilrechts
WZG	Warenzeichengesetz
z. B.	zum Beispiel
ZPO	Zivilprozeßordnung
ZStrW	Zeitschrift für die gesamte Strafrechtswissenschaft
ZZP	Zeitschrift für Deutschen Zivilprozeß

(Im Text sind die ohne Angabe eines Gesetzes aufgeführten Paragraphen solche der Strafprozeßordnung. Römische Ziffern hinter Paragraphennummern bezeichnen die Absätze.)

Einleitung

Das Recht der Wiedereinsetzung in den vorigen Stand ist seit jeher von der Wissenschaft recht stiefmütterlich behandelt worden. Dieses praktisch so bedeutungsvolle Institut schien gründlicher und eindringender methodischer Bearbeitung nicht würdig. Gewiß gibt es wissenschaftliche Beiträge von Rang auch zu diesem Thema. In der Regel wird man jedoch nur auf zumeist knappe literarische Äußerungen zu ganz speziellen Einzelfragen stoßen.

Umso intensiver hat sich die Praxis mit dem Recht der Wiedereinsetzung in den vorigen Stand beschäftigt. Es gibt eine Überfülle von Wiedereinsetzungsentscheidungen vor allem auf zivilprozessualem Gebiet. Vieles hat so seine Klärung gefunden. Das gilt insbesondere von dem Begriff des unabwendbaren Zufalls.

Gegenstand dieser Arbeit sind einzelne wichtige Probleme aus dem Wiedereinsetzungsrecht, die bisher nicht die gebührende Beachtung gefunden haben und noch heute einer Lösung harren. Obwohl die Arbeit sich auf Fragen aus dem strafprozessualen Wiedereinsetzungsrecht beschränkt, ist großer Wert darauf gelegt worden, in weitestem Umfange Rechtsprechung und Literatur zum Wiedereinsetzungsrecht anderer Rechtsgebiete zu verwerten, um dort gewonnene Erkenntnisse auch der strafprozessualen Wiedereinsetzung fruchtbar zu machen.

Die Ausführungen beziehen sich grundsätzlich nur auf das Recht der Wiedereinsetzung wegen Fristversäumnis. Sofern vereinzelt auch auf die Wiedereinsetzung wegen Terminversäumnis eingegangen worden ist, ist dies hinreichend kenntlich gemacht.

ERSTER TEIL

Grundfragen der Wiedereinsetzung in den vorigen Stand

A. Allgemeines.

Die Wiedereinsetzung in den vorigen Stand ist seit der großen Gesetzgebungsperiode in den siebziger Jahren des vorigen Jahrhunderts ein ganz allgemeines Rechtsinstitut geworden [1]). Ihre Wurzeln reichen zurück bis in das römische Recht. Das römische Strafprozeßrecht kannte ebenso wie das heute geltende bereits eine durchgebildete Wiedereinsetzung wegen Frist- und Terminversäumnis [2]). Mit dem Niedergang des römischen Strafverfahrensrechts verlor auch die Wiedereinsetzung an Bedeutung und fand erst in den Partikularrechten des 19. Jahrhunderts wieder — allerdings nur teilweise — Aufnahme [3]).

Die heutige Regelung in den verschiedenen Gesetzen ist im Prinzip einheitlich und fußt durchweg auf dem Wiedereinsetzungsrecht der Zivilprozeßordnung, dem die meisten anderen Wiedereinsetzungsbestimmungen nachgebildet sind [4]).

Dem Rechtsgefühl des deutschen Juristen scheinen Wiedereinsetzungsvorschriften in unseren wichtigsten Verfahrensgesetzen unerläßlich. Umso bemerkenswerter ist die Tatsache, daß eine Wiedereinsetzung sowohl dem anglo-amerikanischen als auch dem französischen Strafprozeß fremd ist [5]).

B. Der Grundgedanke der Wiedereinsetzung.

Ein geordnetes Strafverfahren kann ohne eine Befristung wichtiger Prozeßhandlungen nicht durchgeführt werden. Fristen haben

---

[1]) Siehe: §§ 44 ff.; §§ 233 ff. ZPO; § 22 FGG; §§ 86 f. AO; § 43 PatG; § 12 WZG; § 131 RVO; § 22 B. Verw. G. G.; § 33 VGG; § 36 VO 165; § 112 Landesverwaltungsgesetz von 1883; § 33 Bauland-Beschaffungs-Gesetz; § 9 Zweite DVO zum RLG; § 84 I Bundesvertriebenengesetz vom 19. 5. 1953; § 150 II Bundesbeamtengesetz vom 14. 7. 1953; § 134 II und III Flurbereinigungsgesetz vom 14. 7. 1953; ferner die Angaben in: BAH 90, 197 (200).

[2]) Eingehend: Pestallozza a. a. O.

[3]) Vgl. Ullmann in Holtzendorff I, 183 Fußnote 1.

[4]) Vgl.: BGHStr. 4, 279 (281); RMG. 18, 129 (131, 133); RFH. 5, 262 (266); DJZ 1925, 969 (970); RVA JW 1919, 123; DPA GRUR 1951, 399; Preuß. OVG. 76, 490 (491); DJZ 1917, 688; Hahn I 97; II 1719; Dernedde DVBl. 1953, 704 (705); Friedlaender JW 1928, 430 zu Nr. 20; Gerland GS 69, 194 (259); Schade GRUR 1953, 49 (50); Schultzenstein ZZP 39, 1 (28); Strauß GS 108, 41 (45).

[5]) Siehe: Oertel 68.

formalen Ordnungscharakter. Darin liegt ihr Wert — und ihre Begrenzung; denn der formalen Ordnung übergeordnet ist die materiale Ordnung, die Gerechtigkeit [1]).

Eine strikte Einhaltung der formalen Ordnung würde nicht selten zu einer Zerstörung der materialen Ordnung, der Gerechtigkeit, führen. Einen billigen Ausgleich zwischen beiden Werten zu schaffen ist die große Aufgabe des Wiedereinsetzungsrechtes. Man hat die Wiedereinsetzung sehr treffend ein Institut der Gerechtigkeit und Billigkeit, einen Ausfluß des „jus aequum" [2]) und einen „Weg der Gerechtigkeit", der durch eine widerfahrene Versäumung schon verloren gegangen war [3]), genannt. Diese schon im römischen Recht klar erkannte [4]) ausgleichende Wirkung der Wiedereinsetzung verleiht ihr den Charakter eines im Gewande des Rechts auftretenden rechtspolitischen Instituts [5]). Als solches gilt sie heute als allgemeiner, auch ohne ausdrückliche Regelung das ganze Verfahrensrecht beherrschender Rechtsgedanke [6]).

C. Die Rechtsnatur der Wiedereinsetzung.

I. Ist das Wiedereinsetzungsgesuch ein Rechtsmittel?

Das Gesuch um Wiedereinsetzung in den vorigen Stand ist kein Rechtsmittel im technischen Sinne. Diese Auffassung wird heute mit Recht allgemein vertreten [1]). Einen Anhaltspunkt für diese Meinung bietet das Dritte Buch der Strafprozeßordnung: hier werden die Rechtsmittel behandelt, die Wiedereinsetzung aber nicht aufgeführt. Außerdem eignet dem Wiedereinsetzungsantrag nicht notwendig der den drei Rechtsmitteln der Beschwerde, Berufung und Revision s t e t s eigentümliche Devolutiveffekt [2]). Entscheidender als diese

[1]) Vgl. hierzu: Schneidewin 320 und die Ausführungen des VG Berlin JR 1955, 35 (36).

[2]) Vgl. Sperl 267, 268; Oertel 80; Friedlaender JW 1922, 1048 zu Nr. 2; Schade GRUR 1953, 49; Schultzenstein ZZP 39, 1 (5); Baumbach-Lauterbach 1 zu § 233; Dernedde DVBl. 1953, 704; RG LZ 1917, 1080 (1081); KG JW 1927, 2630 Nr. 1; LG Koblenz NJW/RzW 1949/50, 384.

[3]) Sperl 267.

[4]) Vgl.: Pestallozza 67.

[5]) Vgl. Pestallozza 17, 73, 74; Friedrichs JW 1930, 546 zu Nr. 5 B.

[6]) Siehe: BGH BB 1953, 666; KG JW 1925, 1128 (1129); OLG Hamm JZ 1954, 171; abweichend: LG Bielefeld BB 1951, 121 Nr. 308.

[1]) Vgl. RGStr. 22, 31 (32); Löwe-Rosenberg 8 zu § 44; Schwarz 2 zu § 44; Feisenberger 1 zu § 44; Kohlrausch 1 zu § 338; Daude 83 zu § 296; Peters 493; Bennecke-Beling 437; Buder 2 f.

[2]) Vgl. Bennecke-Beling 437; Gerland 391 und Beling 331 weisen zutreffend darauf hin, daß, wenn man den Rechtsmittelcharakter der Anträge gemäß §§ 319 II und 346 II leugnet, der Devolutiveffekt nichts nur den Rechtsmitteln Eigentümliches ist, da auch diese beiden Anträge Devolutivwirkung haben.

Dem Wiedereinsetzungsgesuch fehlt die Devolutivwirkung zum Beispiel

mehr formalen Umstände ist aber eine Verschiedenheit tieferliegender Art: im Gegensatz zu den Rechtsmitteln wird mit dem Wiedereinsetzungsgesuch nicht unmittelbar die Richtigkeit einer gerichtlichen Entscheidung angegriffen [3]). Unmittelbar richtet es sich überhaupt nicht gegen eine gerichtliche Entscheidung [4]), ist also nicht, wie Buder sich einmal ausdrückt [5]), ein „Anfechtungsmittel". Der Wiedereinsetzungsantrag ist vielmehr die der „verspäteten Prozeßhandlung beigefügte Entschuldigung" [6]), deren Ergänzung [7]), und er dient nur dazu, der verspäteten Prozeßhandlung prozessuale Beachtlichkeit zu verleihen.

Auch soweit infolge der Wiedereinsetzung eine gerichtliche Entscheidung, ein Verwerfungsbeschluß etwa, hinfällig wird, ist dies nicht darauf zurückzuführen, daß die Entscheidung mit dem Wiedereinsetzungsantrag angegriffen worden ist. Das zeigt sich schon daran, daß das Wiedereinsetzungsgesuch gerade auf die Tatsache gestützt werden muß, die den Verwerfungsbeschluß trägt: die Tatsache der Versäumung.

Die Bedeutung eines Wiedereinsetzungsgesuches liegt auf rein prozessualem Gebiete. Sein Wesensmerkmal ist die „Akzessorietät" [8]). Es kann immer nur in Verbindung mit oder in Bezug auf eine andere Prozeßhandlung angebracht werden. Da es zu dieser aber in unmittelbare Beziehung [9]) tritt, dient es mittelbar auch der Anfechtung einer gerichtlichen Entscheidung, wenn jene Prozeßhandlung Anfechtungsfunktion hat. Rechtsmittelqualität gewinnt der Wiedereinsetzungsantrag dadurch aber nicht.

Wenn dennoch vereinzelt vom „Rechtsmittel der Wiedereinsetzung" die Rede ist [10]), dann dürfte es sich wohl um eine bloße Ungenauigkeit im Ausdruck handeln. Zumindest mißverständlich und darum wenig empfehlenswert sind auch Bezeichnungen wie: „Rechtsmittel im weiteren Sinne" [11]) oder „außerordentliches Rechtsmittel" [12]). Beling [13]) spricht sachlich richtig aber sprachlich wenig an-

---

bei Versäumung der Frist des § 140 III, während umgekehrt bei Versäumung von Rechtsmittelfristen das höhere Gericht über die Wiedereinsetzung entscheidet.

[3]) Richtig: RGStr. 22, 31 (32); BGHZ 8, 284 (285); Rudolph JR 1954, 4; auch: Stern JW 1927, 533 zu Nr. 8.

[4]) Zutreffend: RMG. 11, 160 (161); 19, 158 (159).

[5]) Buder 2.

[6]) So: Stein-Jonas-Schönke I zu § 233; Jonas JW 1937, 1666 zu Nr.32.

[7]) Siehe: RGZ 84, 41 (43); Nikisch 249; Planck 589 f.; Stein JW 1920, 149 f. zu Nr. 3.

[8]) Buder 2.

[9]) Vgl. RMG. 18, 129 (132).

[10]) So: Ullmann in Holtzendorff I 183 und Fußnote 2 daselbst; Plumeyer GA 77, 262 (263 f.); LG Bonn NJW 1952, 87 Nr. 34.

[11]) RMG. 18, 129 (132).

[12]) Siegel GS 42, 277 (283); Meves in Holtzendorff II 402.

[13]) Beling 331 Fußnote 2.

genehm vom „Nicht-Rechtsmittel" der Wiedereinsetzung. Zu farblos ist der Ausdruck „Rechtshilfe" [14]), der schließlich auf jedes beliebige Rechtsmittel und jeden beliebigen Rechtsbehelf zutrifft. Auch der sehr gebräuchlichen Charakterisierung des Wiedereinsetzungsgesuches als „Rechtsbehelf" [15]) eignet nicht die Kraft, die typische Eigenart der Wiedereinsetzung augenfällig zu machen; denn im Grunde, darin ist Beling [16]) beizupflichten, kann man „alle für die Entfaltung von Parteiinteressen (und Interessen Dritter) vorgesehenen Prozeßhandlungen Rechtsbehelfe nennen". Wohl deswegen hat es nicht an Versuchen gefehlt, den Rechtsbehelf der Wiedereinsetzung durch die Zusätze „außerordentlich" [17]) oder „außergewöhnlich" [18]) näher zu kennzeichnen.

Aber „außerordentlich" ist der Rechtsbehelf der Wiedereinsetzung nicht, wenn man vom Wortsinn ausgeht. Er beruht ja gerade auf der strafprozessualen Ordnung und steht nicht „außer" dieser Ordnung [19]). Speziell die Wiedereinsetzung sollte man in einem tieferen Sinne nicht einen außerordentlichen Rechtsbehelf nennen, dient sie doch in hervorragender Weise der wahren Ordnung, der Gerechtigkeit, die „jus sistit", das heißt das Recht, die Ordnung herstellt [20]). Unter diesem Gesichtspunkt ist sie eigentlich ein „ordentlicher" Rechtsbehelf par excellence.

Treffender ist schon der Zusatz „außergewöhnlich", da er richtig zum Ausdruck bringt, daß der Wiedereinsetzungsantrag ein Rechtsbehelf ist, mit dem nicht von vorneherein, wie etwa mit Rechtsmitteln, zu rechnen ist [21]). Es ist außergewöhnlich, daß eine befristete Prozeßhandlung verspätet vorgenommen wird und deswegen der Entschuldigung bedarf.

Dem heilenden Charakter der Wiedereinsetzung, wie er sich in der lateinischen Bezeichnung „remedium" extraordinarium [22]) niederschlägt und ihrer rechtswohltätigen Wirkung — der französische Jurist Daguin [23]) nannte die Wiedereinsetzung der deutschen Strafprozeßordnung „la bénéfice" — vermag durch den Zusatz „außer-

---

[14]) RG LZ 1917, 1080 (1081); auch: Buder 2.

[15]) Vgl. RGZ 78, 389 (394); 104, 402 (405); DOG JR 1951, 215; BayrObLGStr. 1953, 137 (138); OLG: Dresden Alsb. E. I, 105 Nr. 114; Hamburg JZ 1953, 308; München JZ 1953, 122;

[16]) Beling 329 Fußnote 1.

[17]) So: Löwe-Rosenberg 8 zu § 44; Schmidt 1 zu § 44; Görres ZZP 34, 1 (92); Pestalozza 16; Potrykus NJW 1954, 1836; Schultzenstein ZZP 39, 1 (5).

[18]) So: OLG Rostock OLG Rspr. 32, 275 (276); Schade GRUR 1953, 49 (50).

[19]) Es ist deswegen auch wenig sinnvoll, von „ordentlichen Rechtsmitteln" zu sprechen, wie Schmidt 5 zu § 44 es tut.

[20]) Siehe dazu: VG Berlin JR 1955, 35 (36).

[21]) Richtig: Henkel 420.

[22]) Schultzenstein ZZP 39, 1 (5).

[23]) Daguin 15 Fußnote 3.

gewöhnlich" allerdings kein adäquater Ausdruck verliehen zu werden.

Fehlt dem Wiedereinsetzungsantrag auch der Rechtsmittelcharakter, so bleibt im Hinblick auf die mittelbare Anfechtungsfunktion und damit rechtsmittelähnliche Wirkung des Gesuchs [24]) doch zu erwägen, ob nicht die allgemeinen Vorschriften über Rechtsmittel (§§ 296 bis 303) auf eine Wiedereinsetzungsbitte analog angewendet werden können. Dieses Problem kann jedoch nicht ohne Einzelbetrachtung der allgemeinen Rechtsmittelvorschriften gelöst werden.

Eine Analogie verbietet sich von vorneherein für die Bestimmungen, die inhaltlich nicht auf das Wiedereinsetzungsverfahren passen. Es sind dies die §§ 301 und 303. § 301 [25]) ist unanwendbar, weil das Wiedereinsetzungsgesuch sich nicht unmittelbar gegen eine gerichtliche Entscheidung richtet. § 303 [26]) betrifft nur die Fälle obligatorischer mündlicher Verhandlung. Über den Wiedereinsetzungsantrag kann zwar, braucht aber nicht mündlich verhandelt werden.

Einer Analogie bedarf es nicht im Falle des § 300. Der Grundsatz, daß die falsche Bezeichnung einer Prozeßhandlung unschädlich ist, gilt ohne weiteres auch im Wiedereinsetzungsverfahren. Der Rechtsgedanke des § 300 ist ein allgemeiner und beherrscht das ganze Verfahrensrecht [27]). Gerade im Strafprozeß ist es ein ernstes Anliegen, dem wahren Willen der Prozeßbeteiligten, insbesondere des Angeklagten, Anerkennung zu verschaffen.

Daß ein Wiedereinsetzungsgesuch, wie § 302 I Satz 1 für Rechtsmittel bestimmt, auch vor Ablauf der Frist für seine Anbringung zurückgenommen werden kann, versteht sich ohne Heranziehung des § 302 I Satz 1. Da auch ein Verzicht auf Wiedereinsetzung möglich ist — er dürfte kaum jemals praktisch werden — gilt für ihn dasselbe.

Keine Bedenken bestehen gegen eine analoge Anwendung des § 299. Diese Vorschrift trägt dem Umstand Rechnung, daß die Einsperrung den verhafteten Beschuldigten bei der Anbringung von Rechtsmittelerklärungen behindern kann. Der Verlust der Bewegungsfreiheit vermag aber auch die Einreichung eines Wiederein-

---

[24]) Siehe oben Seite 3.

[25]) § 301 lautet: „Jedes von der Staatsanwaltschaft eingelegte Rechtsmittel hat die Wirkung, daß die angefochtene Entscheidung auch zugunsten des Beschuldigten abgeändert oder aufgehoben werden kann."

[26]) § 303 lautet: „Wenn die Entscheidung über das Rechtsmittel auf Grund mündlicher Verhandlung stattzufinden hat, so kann die Zurücknahme nach dem Beginn der Hauptverhandlung nur mit Zustimmung des Gegners erfolgen."

[27]) Vgl. dazu: DOG JR 1951, 215; BayrObLGStr. 10, 57 (59 f.); Löwe-Rosenberg 6 zu § 44; Schmidt 5 zu § 44; KMR 1 zu § 45; Schwarz 1 zu § 45; auch: BayrObLG LZ 1933, 726.

setzungsgesuches zu erschweren. Freilich wird dies nur selten der Fall sein, da ein solcher Antrag nicht formbedürftig ist. Die Erleichterung, die § 299 gewährt, könnte aber zum Beispiel für den des Schreibens unkundigen Inhaftierten bedeutsam werden, der eine ordnungsgemäße Protokollierung seines Antrags wünscht.

Am meisten diskutiert wird die Frage, ob die Staatsanwaltschaft in Analogie zu § 296 II zugunsten des Angeklagten auf Wiedereinsetzung antragen kann. Das Problem besteht in ähnlicher Weise für den Verteidiger (§ 297) und den gesetzlichen Vertreter (§ 298) eines Angeklagten. Seiner Lösung ist im Zweiten Teil dieser Arbeit ein besonderes Kapitel gewidmet [28]).

II. Die Wirkung der Wiedereinsetzung.

Mit der Erkenntnis, daß es sich bei dem Wiedereinsetzungsgesuch um einen außergewöhnlichen Rechtsbehelf handelt, ist nur eine Klassifizierung allgemeiner Art gewonnen, ohne daß Entschiedenes über die Rechtsnatur der Wiedereinsetzung ausgesagt wäre.

Das Problem der Rechtsnatur der Wiedereinsetzung ist erstaunlicherweise noch nirgends eingehender behandelt worden. Einigkeit besteht zwar darüber, daß mittels einer Wiedereinsetzung eine Fristversäumnis „geheilt" werden kann [29]). Das „wie" dieses Vorganges ist jedoch nur mangelhaft geklärt.

Es lassen sich zwei Hauptrichtungen unterscheiden: die Gestaltungs- und die Feststellungstheorien. Die Vertreter der Gestaltungstheorien legen der Wiedereinsetzungsentscheidung prozeßgestaltende, die Anhänger der Feststellungstheorien lediglich deklaratorische Wirkung bei.

1. Die Gestaltungstheorien.

Die Gestaltungstheorien werden in folgenden Versionen vertreten:

a) Die Lehre von der Zurückversetzung des Verfahrens.

Nach heute herrschender Lehre wird durch die Wiedereinsetzung der Prozeß in die Lage vor Säumnis zurückversetzt [30]) mit der Wirkung, daß die Frist nunmehr als gewahrt gilt [31]).

---

[28]) Siehe zu § 296 II: unten Seiten 93 ff., zu § 297: unten Seite 96, zu § 298: unten Seite 101 Anmerkung 35).

[29]) Siehe: RG JW 1933, 1067; Driessen 86; Bennecke-Beling 306.

[30]) Vgl. RGStr. 61, 180 (181); KG JW 1927, 1653 Nr. 4; Löwe-Rosenberg 8 zu § 44; KMR 1a zu § 44; Schwarz 2 zu § 44; Erbs I zu § 44; Feisenberger 2 zu § 44; Henkel 310; v. Hippel 347 Fußnote 6; Sperl 272; Fellmann BayrZ. 1927, 23.

[31]) Vgl. RGStr. 53, 286 (288); 61, 180 (181); RG JW 1935, 1693 (1694); RPA JW 1933, 1495 Nr. 1; Preuß. OVG JW 1937, 2543 (2544); OLG: Celle NJW

Über das Maß dieser Zurückversetzung des Prozesses in eine frühere Lage sind sich die Vertreter der herrschenden Lehre allerdings nicht ganz einig. Die einen sind der Ansicht, die Zurückversetzung sei eine totale, das heißt a l l e prozessualen Ereignisse, die infolge der Fristversäumnis u n d nach ihr eingetreten seien, fielen fort [32]). Die anderen wollen demhingegen n u r solche prozessualen Ereignisse beseitigt wissen, die g e r a d e i n f o l g e der Fristversäumnis eingetreten waren [33]). Diese Auffassung ist richtig. Zweck der Wiedereinsetzung ist die Beseitigung der F o l g e n einer Fristversäumnis [34]). Ereignisse, die zwar nach der Fristversäumnis aber nicht infolge derselben eingetreten sind, werden durch die Wiedereinsetzung nicht berührt [35]). Hat zum Beispiel das erstinstanzliche Gericht die Verspätung des Einspruchs gegen einen Strafbefehl nicht erkannt und ein Sachurteil erlassen, so kann, wenn die Verspätung in der Berufungsinstanz entdeckt wird, ein vom Angeklagten gestellter Wiedereinsetzungsantrag nicht zur Beseitigung jener Sachentscheidung führen, denn sie beruht nicht auf der Verspätung, sondern auf der (irrtümlichen) Annahme der Rechtzeitigkeit des Einspruchs.

Die infolge der Fristversäumnis eingetretene Rechtskraft der verspätet angefochtenen Entscheidung [36]) sowie Beschlüsse [37]) oder Urteile [38]), durch die ein Rechtsmittel wegen Verspätung als unzulässig verworfen worden ist, fallen also ohne weiteres durch Gewährung von Wiedereinsetzung weg. Dasselbe gilt, wenn schon ein auf der Säumnis beruhendes Sachurteil ergangen war [39]).

1954, 974; Köln HRR Strafs. 1, 20; Rosenberg 337; Baumbach-Lauterbach 1 zu § 233; Siegert 188; Stein 159; de Boor 78; Hoche 341 f.; Ullmann 274; Schultzenstein ZZP 39, 1 (3); Rudolph JR 1954, 4 (5); Pinzger GRUR 1932, 827 (828).

[32]) So: RGStr. 53, 286 (288); OLG Celle NJW 1954, 974; Löwe-Rosenberg 8 zu § 44; Feisenberger 2 zu § 44; Sperl 272.

[33]) So: Reimer 15 zu § 43; Benkard 4 zu § 43.

[34]) Vgl. § 232 II ZPO: „Aufhebung der Folgen einer ..." Fristversäumung.

[35]) Richtig: RG HRR 1931 Nr. 635 (ausführlich mit Beispiel).

[36]) Siehe: RGStr. 54, 286 (287); 67, 197 (199 f.); RGZ 78, 389 (394); RG DJZ 1908, 820; LZ 1917, 1080 (1081); JW 1933, 513 f.; BGHZ 1, 200 (203); RMG. 15, 36; 19, 158 (159); RFH. 5, 262 (265 f.); 20, 134 (136); KG OLG Rspr. 42, 43; OLG: Hamburg ZZP 50, 394 (395); Dresden JW 1932, 1765 Nr. 6; Beling 264, 343 f.; Henkel 442; Kern 84; Buder 63; Köhler JW 1932, 1765 zu Nr. 6; Fellmann BayrZ. 1927, 23 f.; Peters MDR 1954, 193; Rudolph JR 1954, 4.

[37]) Siehe: RG HRR 1928 Nr. 1938; RG JW 1925, 2779 Nr. 2; JW 1929, 3153 (3154); RGZ 108, 383 (384); 125, 68 (72); 127, 287 (288); 139, 1 (3); RAG. 37, 84 (86); DPA GRUR 1952, 230 (231); BVerwG MDR 1954, 525, 566; KG JW 1927, 1653 Nr. 4; Beling 264, 343 f.; Münzel ZZP 56, 343 ff.

[38]) Siehe: RMG. 11, 160 (161); KG JW 1932, 124 Nr. 30; Münzel ZZP 56. 343 ff.

[39]) Richtig: Löwenstein JW 1926, 2770 zu Nr. 1; **falsch:** BayrObLG JW 1926, 2770 Nr. 1.

Früher hatte die Rechtsprechung allerdings auf dem Standpunkt gestanden, daß eine Wiedereinsetzung nicht mehr möglich sei, wenn das Rechtsmittel bereits wegen Verspätung als unzulässig verworfen worden sei [40]). In der Literatur wurde in diesen und ähnlichen Fällen von einer die Wiedereinsetzung ausschließenden „prozessualen Überholung" gesprochen [41]). Die herrschende Lehre erklärt jedoch mit Recht, daß das Schicksal eines Wiedereinsetzungsgesuches nicht davon abhängen könne, ob zufällig schon ein Verwerfungsbeschluß oder eine sonstige Entscheidung infolge der Fristversäumnis ergangen sei.

Handelt es sich aber um Entscheidungen, die nicht auf der Fristversäumnis beruhen, so werden sie durch die Wiedereinsetzung nicht beseitigt [42]).

Die von Kohlhaas NJW 1955, 742 Fußnote 6 erwähnte Entscheidung des Bundesgerichtshofes 5 StR 514/54 vom 7. 12. 1954, in der der Bundesgerichtshof ausgesprochen hat, daß eine Wiedereinsetzung jedenfalls dann nicht mehr möglich sei, wenn bereits eine Sachentscheidung erlassen worden sei, betrifft nur den Sonderfall der Nachholung einzelner Verfahrensrügen.

[40]) So: RG JW 1902, 575 Nr. 7; Preuß. OVG. 32, 201 (202); OLG München Seuff. A. 70 Nr. 92.

[41]) Goldschmidt 520 und Fußnote 2763 daselbst; v. Kries 459; auch: Löwenstein JW 1920, 150 zu Nr. 4; BayrObLG Seuff. Bl. 63, 521;
Einen Fall prozessualer Überholung, der allerdings nicht zur gänzlichen Versagung der Wiedereinsetzung führt, sondern nur deren Wirkungen einschränkt, enthält § 33 II Bauland-Beschaffungs-Gesetz vom 3. 8. 1953.

[42]) Vgl. den Fall in RG HRR 1931 Nr. 635: ein Gericht hatte eine verspätete Prozeßhandlung als rechtzeitige behandelt.
Hat das Gericht umgekehrt irrtümlich eine rechtzeitige Prozeßhandlung als verspätet behandelt, so kommt nach herrschender Lehre eine Wiedereinsetzung nicht in Betracht, da ein Fall der Säumnis nicht gegeben ist: vgl. RG JW 1933, 513 Nr. 7; KG JW 1927, 2073 Nr. 27; LAG Heidelberg AP 1951 Nr. 224; Löwe-Rosenberg 6 zu § 44; Erbs I zu § 44; Dalcke 1 zu § 44; Stenglein 62; Gage-Sarstedt 194; Olbricht GA 69, 44 ff.
Gage-Sarstedt 194 und das OLG Celle JR 1949, 122 halten zutreffenderweise zur Beseitigung solcher Entscheidungen einen Antrag aus § 346 II (oder § 319 II) für den geeigneten Weg. Dieser Weg ist jedoch nicht gangbar, wenn das Revisionsgericht den Verwerfungsbeschluß selbst erlassen hat.
In solchen Fällen wollen das OLG Hamburg JW 1938, 2132 (2133) und das Obergericht Danzig JW 1926, 830 f. Nr. 1 die §§ 44 ff. analog anwenden (siehe auch: OLG Celle JR 1949, 122 r. Sp. unten), während das Kammergericht JW 1927, 2073 Nr. 27 den einzigen Ausweg in einer Begnadigung sieht. Richtiger scheint es jedoch, solche Entscheidungen auf Gegenvorstellungen oder von Amts wegen — m. E. nach dem Vorbild des § 379a III Satz 3 — einfach aufzuheben: vgl. Löwe-Rosenberg 6 zu § 44; Olbricht GA 69, 44 ff.; auch: RG JW 1927, 395 (396). Insbesondere ein Angeklagter darf nicht unnötig unter Fehlern des Gerichts leiden.
Ist ein Rechtsmittel rechtzeitig eingelegt, aber die Rechtsmittelschrift oder das Rechtsmittelprotokoll bei Gericht abhanden gekommen, dann bedarf es überhaupt keiner Wiedereinsetzung (so aber: BayrObLG HRR 1934 Nr. 76),

In der Zurückversetzung des Prozesses in die Lage vor Säumnis soll nach überwiegender Ansicht die prozeßgestaltende Wirkung der Wiedereinsetzung liegen [43]: infolge der Zurückversetzung gilt die nachgeholte Prozeßhandlung als „von vorneherein" rechtzeitig, also innerhalb der ursprünglichen Frist vorgenommen [44]. Es handelt sich um eine prozeßgestaltende „Fiktion" [45].

In **welchen** Prozeßabschnitt vor Säumnis das Verfahren nach dieser Auffassung zurückversetzt wird, ist nicht klar erkennbar. Man findet Bemerkungen wie: der Prozeß werde zurückversetzt in „einen Abschnitt" [46], in „seinen Abschnitt" [47] oder in den „Zeitpunkt vor Fristversäumnis" [48]. Das Kammergericht [49] will zurückversetzen „in den Zustand eines früheren Zeitpunktes". Andere sprechen von Wiederherstellung des „Zustandes" oder der „Rechtslage" vor Fristversäumnis [50]. Eine genauere Bestimmung findet sich nur bei Sperl [51]. Nach ihm setzt die Bewilligung der Wiedereinsetzung den Rechtsstreit „von selbst wieder von jenem Zeitpunkt an in Gang, an welchem die Säumnis widerfahren" war.

Die Vertreter der Lehre von der Zurückversetzung wollen also nicht, wie Kleinfeller [52] anzunehmen scheint, die versäumte Frist „wiedereröffnen". Die Lehre von der Zurückversetzung des Verfahrens in die Lage vor Säumnis hat nichts mit der theoretisch möglichen Wiedereröffnung der versäumten Frist zu tun. Eine solche Wiedereröffnung der Frist wäre die Ingangsetzung einer neuen, ab Wiedereinsetzung laufenden und in ihrer Dauer der versäumten entsprechenden Frist [53]. Davon will die herrschende Lehre aber nichts

---

sondern das Verfahren muß einfach fortgesetzt und die abhanden gekommene Urkunde muß neu angefertigt werden: vgl. BayrObLG HRR 1933 Nr. 1472; auch: Erbs I zu § 44 und Dalcke 1 zu § 44.

[43]) Vgl. BGH JR 1954, 305; Beling 224; Münzel ZZP 56, 343 (346); Schade GRUR 1953, 49; Tetzner 1 zu § 43.

[44]) So: RPA JW 1933, 1495 Nr. 1; auch: Schultzenstein ZZP 39, 1 (3).

[45]) Vgl. Rudolph JR 1954, 4; Pinzger GRUR 1932, 827 (828); Fellmann BayrZ. 1927, 23.

[46]) So: RGStr. 53, 286 (288); OLG Celle NJW 1954, 974; KMR 1a zu § 44; Feisenberger 2 zu § 44; Fellmann BayrZ. 1927, 23.

[47]) Schwarz 2 zu § 44.

[48]) RG HRR 1931 Nr. 635.

[49]) KG JW 1927, 1653 Nr. 4.

[50]) RGStr. 61, 180 (181); Löwe-Rosenberg 9 zu § 46; KMR 4 zu § 44; 2 zu § 46; Erbs I zu § 44.

[51]) Sperl 272.

[52]) Kleinfeller Krit. Viert. J. Schr. 45, 41 (44).

[53]) Eine solche Wiedereröffnung der versäumten Frist kennt anscheinend die sowjetrussische Strafprozeßordnung vom 25. 5. 1922, in deren § 87 es heißt, daß einer Partei, die aus einer triftigen Ursache eine Frist versäumt habe, „eine solche .. durch Beschluß des Gerichts .. wiederherzustellen" sei.

wissen [54]). Sie will nur den Zustand vor Fristversäumnis wiederherstellen [55]).

Aber durch Gewährung von Wiedereinsetzung wird dieser Zustand n i c h t wiederhergestellt [56]). Die Prozeßlage vor Fristversäumnis zeichnet sich dadurch aus, daß der Antragsteller zwar die rechtliche Möglichkeit hatte, eine beachtliche fristwahrende Prozeßhandlung vorzunehmen, jedoch von dieser Möglichkeit tatsächlich keinen Gebrauch gemacht hat. Eine Wiederherstellung des Zustandes vor Fristversäumnis kann demnach nur die Wirkung haben, daß eine Verfahrenslage geschaffen wird, die dem Antragsteller die wirksame Nachholung der fristgebundenen Prozeßhandlung ermöglicht [57]).

Genau darin sieht auch Eberhard Schmidt, ein hervorragender Vertreter der Theorie von der Zurückversetzung des Verfahrens, die Wirkung der Wiedereinsetzung [58]). „Durch die Wiedereinsetzung", so schreibt er, „wird das Verfahren in den Zeitpunkt der Versäumung zurückversetzt; es wird also eine prozessuale Lage geschaffen, die eine Nachholung der versäumten Prozeßhandlung e r m ö g l i c h t" [59]). Auch Nikisch erklärt [60]): „Die Wiedereinsetzung soll den Weg frei machen für die Nachholung der versäumten Prozeßhandlung". Auf gleicher Ebene bewegen sich die Ausführungen Peters' [61]), der meint, der „vorige Stand", in den wiedereingesetzt werden müsse, sei der „Stand der A n f e c h t b a r k e i t der Entscheidung vor Ablauf der Frist" [62]). Das heißt also, die Wiedereinsetzung schafft nicht den Stand vollzogener Anfechtung, sondern lediglich einen Stand der Möglichkeit der Anfechtung, der Anfechtbarkeit.

Nun ist es jedoch so, daß die versäumte Prozeßhandlung nicht n a c h vollzogener Wiedereinsetzung, sondern v o r der Entscheidung über das Wiedereinsetzungsgesuch nachgeholt worden sein muß (§ 45). Z u r Z e i t der Nachholung, also vor Wiedereinsetzung, hatte der Antragsteller aber noch nicht die Möglichkeit wirksamer Nachholung, soll ihm dieses Recht nach überwiegender Ansicht doch gerade erst durch die Wiedereinsetzung vermittelt werden. Auf welche Weise bei dieser Sachlage die nachgeholte Prozeßhandlung

---

[54]) Vgl. Rosenberg 337; Stein-Jonas-Schönke I zu § 233; Erbs I zu § 44; Münzel ZZP 56, 343 (345); Pinzger GRUR 1932, 827 (828); Schultzenstein ZZP 39, 1 (3).

[55]) Vgl. die auf Seite 9 Anmerkung 50) Genannten.

[56]) Richtig: Kleinfeller Krit. Viert. J. Schr. 45, 41 (44).

[57]) Siehe auch: Schwalbach AcP 66, 251 (270).

[58]) Schmidt 1 zu § 44.

[59]) Gesperrt von mir.

[60]) Nikisch 249.

[61]) Peters MDR 1954, 193.

[62]) Gesperrt von mir.

durch blosse Zurückversetzung des Verfahrens prozessual beachtlich geworden sein soll, ist nicht ganz klar.

Die herrschende Lehre verkennt, daß die an sich mögliche Zurückversetzung eines Prozesses in eine frühere Lage zwar prozeßrechtlich eben diese Lage, aber auch nicht mehr, herstellen kann. Wie § 342 ZPO, in dem ausdrücklich eine Zurückversetzung des Prozesses angeordnet worden ist, zeigt, bedeutet Zurückversetzung eines Verfahrens nur, daß der Verlauf, den ein Prozeß von einem bestimmten Zeitpunkt an genommen hat, als nicht eingetreten gilt. Die Verfechter der Zurückversetzungslehre jedoch denken zu der früheren Lage etwas hinzu: die Vornahme einer Prozeßhandlung. Sie setzen nicht nur in den früheren Stand wieder ein, sondern setzen diesem früheren Stand auch etwas hinzu.

Der Ausdruck „Wiedereinsetzung in den vorigen Stand", auf den Peters sich demgegenüber beruft [63]), ist nicht ganz richtig, denn nicht der „vorige" Stand, das heißt der Stand der Anfechtbarkeit, sondern ein neuer Stand, und zwar der Stand der vollzogenen Anfechtung, wird durch die Wiedereinsetzung ins Leben gerufen. Nur bei der Wiedereinsetzung wegen Terminversäumnis wird der „vorige" Stand wiederhergestellt. Zudem ist die Ausdrucksweise in den verschiedenen Gesetzen nicht einheitlich. In den §§ 86, 451 AO zum Beispiel wird die Wiedereinsetzung einfach als „Nachsicht" bezeichnet.

Natürlich legen auch die Vertreter der Zurückversetzungslehre der Wiedereinsetzungsentscheidung die Wirkung bei, daß nunmehr die nachgeholte Prozeßhandlung prozessual beachtlich sein soll. Auch sie wollen vermittels der Wiedereinsetzung einen neuen „Rechtszustand" [64]), eine neue „Rechtslage" [65]), einen neuen „Tatbestand" [66]) schaffen. Doch kann im Wege einer bloßen Zurückversetzung des Verfahrens in den Stand vor Säumnis das angestrebte Ziel nicht erreicht werden.

b) Die Verlängerungstheorie.

Neben der herrschenden Lehre verbreitet ist die Anschauung, daß durch die Wiedereinsetzungsentscheidung die versäumte Frist bis zu dem Zeitpunkt verlängert werde, zu dem die versäumte Prozeßhandlung nachgeholt worden sei [67]). Die rückwirkende Verlängerung

---

[63]) Peters MDR 1954, 193.
[64]) Benkard 4 zu § 43.
[65]) Peters MDR 1954, 193.
[66]) Münzel ZZP 56, 343 (346).
[67]) So: RG Warn. 1920 Nr. 63; BayrZ. 1920, 331 Nr. XI; Oberstes Arbeitsgericht Rheinland-Pfalz BB 1950, 24 Nr. 90; Friedrichs JW 1930, 546 zu Nr. 5 B.

Zu den Vertretern dieser Theorie sind wohl auch noch RG JW 1929, 3153

der versäumten Frist bewirke, so wird gelehrt, daß die nachgeholte Prozeßhandlung noch innerhalb der (verlängerten) Frist vorgenommen und deshalb wirksam sei.

Diese Verlängerungstheorie ist abzulehnen [68]). Die Wirkung der Wiedereinsetzung besteht nicht in einer nachträglichen Fristverlängerung. Im Strafprozeß ist eine Verlängerung prozessualer Fristen überhaupt nicht vorgesehen [69]). Auch die Stellung der Wiedereinsetzungsvorschriften in der Zivilprozeßordnung spricht gegen die Verlängerungstheorie. Die Verlängerung von richterlichen und gesetzlichen Fristen ist in den §§ 224, 225 ZPO behandelt. Die Wiedereinsetzung ist dabei aber nicht erwähnt. Sie wird vielmehr in einem gesonderten Titel geregelt.

Eine konsequente Anwendung der Verlängerungstheorie müßte zudem zu merkwürdigen Ergebnissen führen. Gemäß § 298 kann der gesetzliche Vertreter eines Beschuldigten innerhalb der für den Beschuldigten laufenden Frist zu dessen Gunsten von den zulässigen Rechtsmitteln Gebrauch machen. Versäumt nun der Beschuldigte seine Rechtsmittelfrist und wird ihm Wiedereinsetzung gewährt, so hat das nach der Verlängerungstheorie die Wirkung, daß die versäumte Frist nachträglich verlängert wird. Hatte auch der gesetzliche Vertreter, zwar früher als der Beschuldigte aber gleichfalls verspätet, ein Rechtsmittel eingelegt, so wäre dieses vom Standpunkt der Verlängerungstheorie aus noch rechtzeitig angebracht worden, da infolge der dem Beschuldigten gewährten Wiedereinsetzung — ex post betrachtet — seine Frist noch lief. Eine Wiedereinsetzung brauchte der gesetzliche Vertreter demnach nicht zu beantragen. Dem Wortlaut des § 298 wäre Genüge getan.

Richtig ist allerdings, daß die Wiedereinsetzung für den Säumigen im „praktischen Effekt" [70]) auf eine Verlängerung der versäumten Frist hinausläuft.

2. Die Feststellungstheorien.

a) Die Lehre Stein-Jonas-Schönke's.

Stein-Jonas-Schönke [71]) lehren, die Wiedereinsetzung bestehe in der „Feststellung, daß die unter bestimmten Voraussetzungen nachgeholte Prozeßhandlung noch als fristgerecht zu wirken hat". Mün-

---

Nr. 6 und LG Verden Nds. Rpfl. 1954, 66 (67) zu rechnen, bei denen es heißt, daß infolge der Wiedereinsetzung die Frist gewahrt „**ist**".

[68]) Ablehnend: Rosenberg 337; Münzel ZZP 56, 343 (345).

[69]) Vgl. Schmidt 8 vor §§ 42 ff.
Auch würde es sich bei einer Fristverlängerung durch Wiedereinsetzung um eine nachträgliche Verlängerung handeln, die dem Verfahrensrecht generell fremd ist: vgl. Rosenberg 301.

[70]) So: Seuffert ZZP 35, 65 (74).

[71]) Stein-Jonas-Schönke I zu § 233.

zel [72]) glaubt, diese Lehre schon deswegen ablehnen zu müssen, weil die Wiedereinsetzung dann überhaupt nicht ungeschehen machen könne, daß die Frist „tatsächlich versäumt" worden sei. Dieser Einwand ist unverständlich. Gleich welche Wirkung man der Wiedereinsetzungsentscheidung beilegen will: die Tatsache der Fristversäumnis kann als Tatsache niemals mehr ungeschehen gemacht werden, allenfalls können deren rechtliche Folgen beseitigt werden. Allerdings spricht gegen die Formulierung von Stein-Jonas-Schönke, worauf schließlich auch Münzel [73]) hinweist, daß eine Feststellung dahingehend, daß etwas zu „wirken hat", ein Widerspruch in sich ist. Eine Feststellung kann immer nur dahin gehen, daß etwas ist. Festgestellt könnte also auch werden, daß etwas gilt, da die Geltung etwas rechtlich Seiendes ist.

Aber die mitgeteilte Formulierung von Stein-Jonas-Schönke gibt deren wahre Meinung nur verzerrt wieder. An anderer Stelle heißt es bei ihnen [74]), das Verfahren über die Wiedereinsetzung bezwecke die „Entscheidung, ob die tatsächlichen und formellen Voraussetzungen" vorlägen, „unter denen die Nachholung der versäumten Prozeßhandlung ausnahmsweise gestattet" sei. Tatsächlich wollen sie also mittels der Wiedereinsetzungsentscheidung doch feststellen lassen, daß etwas ist, das heißt feststellen lassen, daß Wiedereinsetzungsgründe da sind. Hier scheinen sich Stein-Jonas-Schönke mit der Auffassung Kleinfellers zu treffen.

b) Die Lehre Kleinfellers.

Kleinfeller [75]) lehrt, das Zusammentreffen der nachgeholten Prozeßhandlung mit den übrigen gesetzlichen Voraussetzungen bewirke, daß die Partei nach vollzogener Wiedereinsetzung die Rechte aus der nachgeholten Handlung so genießen könne, als ob die Handlung rechtzeitig vorgenommen worden sei. Die richterliche Entscheidung habe nur Recht feststellende, nicht Recht schaffende Wirkung.

Aber Kleinfeller ist nicht konsequent. In den dieser Lehre vorausgehenden Erörterungen spricht er davon, daß die Wiedereinsetzung „eine nachträgliche Genehmigung" der kraft gesetzlicher Ermächtigung unter bestimmten Voraussetzungen vollzogenen Nachholung der versäumten Handlung sei. Die dem Wiedereinsetzungsgesuch stattgebende Entscheidung erkläre „die Nachholung der versäumten Handlung als rechtswirksam". Eine Entscheidung solcher Art ist aber nicht nur eine deklaratorische, sie wirkt vielmehr konstitutiv. Klein-

---

[72]) Münzel ZZP 56, 343 (345 f.).
[73]) Münzel ZZP 56, 343 (345 f.).
[74]) Stein-Jonas-Schönke I zu § 238.
[75]) Kleinfeller Krit. Viert. J. Schr. 45, 41 (44).

fellers Feststellungstheorie findet also in der Gesamtheit seiner Ausführungen keine Stütze.

Auch abgesehen von diesen Widersprüchlichkeiten, lassen seine ebenso wie Stein-Jonas-Schönke's Ausführungen viele Fragen ungelöst. Ungeklärt bleibt, wie diese Schriftsteller sich die unerläßliche Beseitigung der Rechtskraft der verspätet angefochtenen Entscheidung oder die Beseitigung der nach Fristablauf ergangenen Entscheidungen vorstellen. Auf dem Richterspruch im Wiedereinsetzungsverfahren kann die Beseitigung der Versäumnisfolgen nicht gut beruhen, da der Richter nur etwas feststellen soll. Diese Schwierigkeiten vermeidet eine andere Feststellungslehre.

c) Die Lehre von der Scheinrechtskraft.

Die Anhänger der Lehre von der Scheinrechtskraft sind der Auffassung, daß schon die Existenz von Wiedereinsetzungsgründen den Fristablauf und damit den Eintritt der Rechtskraft hemme [76]). Diese Ansicht dürfte auf Bennecke-Beling [77]) zurückgehen. Sie scheint Anklang bei Friedrichs [78]) gefunden zu haben und ist neuerdings vom Bundesgerichtshof [79]) neu belebt worden. Äußerlich tritt diese Theorie allerdings nicht so einheitlich auf, wie sie hier dargestellt wird.

Bennecke-Beling (a. a. O.) sprechen nur davon, daß die Rechtskraft gehemmt sei, solange eine Wiedereinsetzung statthaft sei. Friedrichs (a. a. O.) erwähnt lediglich eine Hemmung des Fristablaufs bei der

---

[76]) Eine interessante Parallele findet diese Lehre in der von der herrschenden Meinung zu § 61 StGB vertretenen Auffassung, daß rechtliche oder tatsächliche Hinderung an der Wahrung der Strafantragsfrist die Strafantragsfrist hemme. Siehe auch unten Seite 33.

[77]) Bennecke-Beling 406 und Fußnote 3 daselbst.

[78]) Friedrichs JW 1930, 546 f. zu Nr. 5 B.

Friedrichs Auffassung ist nicht ganz klar. Er spricht zunächst von einer Verlängerung der Frist durch Wiedereinsetzung, sagt aber wenige Sätze später, im Wiedereinsetzungsverfahren werde darüber entschieden, „ob der Ablauf der Frist durch unabwendbare Zufälle *g e h e m m t* und die Frist gewahrt" sei. *B e i d e s* verträgt sich aber nicht miteinander.

[79]) BGHZ 8, 284 (287 f.). Zustimmende Anmerkung von Lersch LM § 233 ZPO Nr. 32 Anmerkung.

Rudolph JR 1954, 4 ff. meint zu diesem Urteil des Bundesgerichtshofes, „nirgends" tauche die Meinung auf, daß bereits die Existenz von Wiedereinsetzungsgründen die Rechtskraft hemme. Die beiden vorhergehenden Anmerkungen zeigen schon, daß diese Ansicht nicht ganz den Tatsachen entspricht.

Auch Planck 589 f. scheint es weniger auf die Wiedereinsetzungsentscheidung als auf die Existenz von Wiedereinsetzungsgründen anzukommen. Er sagt, der Säumige erhebe die verspätete Rechtsmittelklage mit der zugesetzten Behauptung, daß er sie trotz Fristversäumnis „*n o c h j e t z t* zu erheben *b e r e c h t i g t* sei, weil die gesetzlichen Erfordernisse der Wiedereinsetzung" vorlägen.

Existenz von Wiedereinsetzungstatsachen, und der Bundesgerichtshof sagt, es trete nur eine Scheinrechtskraft ein, wenn Wiedereinsetzungsgründe vorhanden seien [80]). Diesen verschiedenen Formulierungen liegt kein sachlicher Unterschied zugrunde, da eine Hemmung der Rechtskraft — der Ausdruck „Scheinrechtskraft" bedeutet dasselbe [81]) — eine Hemmung des Fristablaufs voraussetzt (vgl. die §§ 316 und 343), beides also voneinander abhängig ist [82]).

Ausführlich, wenn auch nicht überzeugend, hat nur der Bundesgerichtshof diese Meinung verteidigt [83]).

Kernpunkt der Entscheidung ist die Behauptung [84]), die Gewährung der Wiedereinsetzung mache lediglich „offenkundig", daß wegen des Vorhandenseins von Wiedereinsetzungsgründen die Rechtskraft des verspätet angefochtenen Urteils gar nicht eingetreten sei [85]), die „Herbeiführung der Rechtskraft" vielmehr nur durch Versagung der Wiedereinsetzung möglich sei. Zur Begründung wird geltend gemacht, dies entspreche der „Auffassung des Gesetzgebers". Aber wie wenig konsequent der Bundesgerichtshof ist, zeigt sich darin, daß er eingangs des Urteils ausführt, die Wiedereinsetzung eröffne der Partei die Möglichkeit, die „an sich" versäumte Prozeßhandlung mit der Wirkung nachzuholen", daß sie als rechtzeitig vorgenommen, also die Rechtskraft des Urteils als nicht eingetreten" gelte [86]). Wenn aber die Wiedereinsetzungsentscheidung nach Auffassung des Bundesgerichtshofes bewirkt, daß die Rechtskraft des Urteils als nicht eingetreten „gilt", dann muß die Rechtskraft zunächst tatsächlich und nicht nur scheinbar eingetreten sein.

---

[80]) BGH a. a. O.

[81]) Daß der Bundesgerichtshof tatsächlich die Auffassung vertritt, die Rechtskraft werde gehemmt, solange eine Wiedereinsetzung möglich sei, geht eindeutig daraus hervor, daß er eine Parallele zur Erteilung eines unrichtigen Rechtskraftzeugnisses zieht: BGHZ 8, 284 (286).

[82]) Richtig: RMG. 19, 158 (159); auch: Peters MDR 1954, 193.

[83]) Der Entscheidung lag folgender Fall zugrunde:
Die Ehe der Parteien war geschieden worden. Der Kläger hatte nach Ablauf der Rechtsmittelfrist sofort wieder geheiratet. Die Beklagte begehrte nach der Wiederverheiratung des Klägers Wiedereinsetzung. Das Urteil findet scharfe und ablehnende Kritik bei: Peters MDR 1954, 193 und Rudolph JR 1954, 4 ff. Auch BGHZ 1, 200 (203) führt aus, eine Hemmung der Rechtskraft trete erst rückwirkend mit Erlaß der Wiedereinsetzungsentscheidung ein.

[84]) BGHZ 8, 284 (287 f.).

[85]) Auch in der Entscheidung NJW 1955, 917 (918 l. Sp. unten) scheint der Bundesgerichtshof auf dem Standpunkt zu stehen, daß durch eine Wiedereinsetzung die Rechtskraft nicht beseitigt werde. Es heißt dort: „Der Gesetzgeber hat durch die Einführung der Wiederaufnahme und durch die Sonderregelung in § 357 StPO zu erkennen gegeben, daß er **nur** unter den dort bestimmten Voraussetzungen eine Beseitigung der Rechtskraft zulassen will".

[86]) BGHZ 8, 284 (285).

Unvereinbar mit der Lehre von der Scheinrechtskraft ist fernerhin die an anderer Stelle des Urteils [87]) zu findende Bemerkung, die „Gewährung der Wiedereinsetzung „hemme" die scheinbar bereits eingetretene Rechtskraft des Urteils". Wenn schon die Wiedereinsetzungstatsachen, wie der Bundesgerichtshof andererseits meint, die Rechtskraft hemmen, bedarf es zur Hemmung doch nicht mehr einer Wiedereinsetzungsentscheidung. Zudem, wie kann eine Scheinrechtskraft, also eine Nichtrechtskraft, überhaupt gehemmt werden? [88]).

Die Entscheidung des Bundesgerichtshofes ist also sehr widersprüchlich.

Die These, daß schon die Existenz von Wiedereinsetzungstatsachen prozessuale Wirkung zu zeitigen vermöge, scheint in abgeschwächter Form auch anderen Entscheidungen zugrunde zu liegen. So erörtert der Bundesgerichtshof in einem anderen Erkenntnis die Frage, ob durch Gewährung von Wiedereinsetzung die „äußerliche Rechtskraft" des Urteils beseitigt werden könne [89]). Das Oberlandesgericht Rostock [90]) hat ausgesprochen, daß das Verfahren trotz Rechtskraft des Urteils noch mit „sehr schwachen Wirkungen" anhängig sei, solange es durch Wiedereinsetzung wieder aufleben könne. Wohl vorwiegend prozeßökonomischen Erwägungen dürfte schließlich die Auffassung des Reichsgerichtes entspringen, daß ein Rechtsmittel nicht als unzulässig behandelt werden dürfe, solange die Möglichkeit einer Wiedereinsetzung bestehe [91]).

Die Ansicht des Bundesgerichtshofes in der Entscheidung BGHZ 8, 284 ff. will Peters [92]) schon vom Begriff der „Wiedereinsetzung in den vorigen Stand" her widerlegen. Diesem Ausdruck sei zu entnehmen, so meint er, daß nach Ablauf der Frist ein „anderer Stand" eingetreten sei, der sich von dem vorigen Stand unterscheide. Dieser andere Stand sei der Stand der Rechtskraft im Gegensatz zum Stand der Anfechtbarkeit vor Fristablauf. Aber diese Wortauslegung ist schon deswegen nicht überzeugend, weil das Institut der „Wiedereinsetzung in den vorigen Stand" in den verschiedenen Gesetzen verschieden benannt worden ist [93]).

Gegen die Meinung des Bundesgerichtshofes sprechen auch noch die §§ 316, 343. Nach diesen Vorschriften wird die Rechtskraft durch rechtzeitige Vornahme der fristgebundenen Prozeßhandlung ge-

---

[87]) BGHZ 8, 284 (286).
[88]) Richtig: Peters MDR 1954, 193.
[89]) BGHZ 9, 308 (309).
[90]) OLG Rostock OLG Rspr. 32, 275 (276).
[91]) RGZ 160, 378 (379 f.).
[92]) Peters MDR 1954, 193.
[93]) Siehe andere Ausdrücke in: §§ 86 f. Ao (Nachsicht); § 84 I Bundesvertriebenengesetz vom 19. 5. 1953 (Zulassung); § 150 II Bundesbeamtengesetz vom 14. 7. 1953 (Folge geben).

hemmt. Das Gesetz sagt nichts davon, daß auch schon das bloße Dasein von Wiedereinsetzungsgründen diese Wirkung habe. Wenn zudem in § 47 bestimmt ist, daß durch die Einreichung eines Wiedereinsetzungsgesuches die Vollstreckbarkeit einer Entscheidung nicht gehemmt werde, dann geht das Gesetz offenbar davon aus, daß mit Fristablauf auch bei Gründen zu einer Wiedereinsetzung die Rechtskraft eintritt, denn die in § 47 vorausgesetzte Vollstreckbarkeit einer Entscheidung beruht ja auf ihrer Rechtskraft (vgl. § 449).

Abgesehen davon, würde auch die vom Bundesgerichtshof vertretene Auffassung insoweit zu einer untragbaren Konsequenz führen, als nach der klaren Vorschrift des § 449 die Vollstreckung eines nur scheinbar rechtskräftigen Urteils rechtswidrig, also gegebenenfalls eine Freiheitsberaubung wäre. Um dieser Gefahr zu begegnen, müßte die Vollstreckungsbehörde in jedem Einzelfall von Amts wegen nach Wiedereinsetzungsgründen forschen. Eine Meinung, die solche Ergebnisse zeitigt, ist nicht tragbar und wird mit Recht abgelehnt [94]).

Die Feststellungstheorien sind allgemein nicht haltbar. Die Wiedereinsetzungsentscheidung wirkt, wie sich aus dem Gesetz ergibt, konstitutiv [95]). Den Beweis hierfür liefert der der zivilprozessualen Wiedereinsetzung nachgebildete und somit auch der strafprozessualen Wiedereinsetzung eng verwandte § 43 II PatG [96]). Es ist in dieser Bestimmung die Rede von einem „Patent, das infolge der Wiedereinsetzung wieder in Kraft tritt". Die bloße Existenz von Wiedereinsetzungsgründen hindert demnach das Erlöschen eines Patentes mit Fristablauf nicht, andernfalls es nicht „infolge der Wiedereinsetzung wieder in Kraft" treten könnte. Erst durch die Wiedereinsetzung, und das heißt durch die Wiedereinsetzungsentscheidung, lebt das Patent wieder auf. Das Gesetz legt der Wiedereinsetzungsentscheidung also konstitutive Wirkung bei.

Es bleibt somit nur noch zu untersuchen, worin genau die rechtschaffende Wirkung der Wiedereinsetzung besteht.

---

[94]) Vgl. BGHZ 1, 200 (203); LAG Hamm AP 1953 Nr. 287; RGZ 13, 352 (355); Rosenberg 689; Marwitz DJZ 1903, 26 f.

[95]) Die Wiedereinsetzung des § 150 II des Bundesbeamtengesetzes vom 14. 7. 1953 scheint allerdings nur deklaratorische Wirkung zu haben, da dort bestimmt ist, daß bei Vorhandensein von Wiedereinsetzungsgründen der verspäteten Anmeldung „Folge zu geben ist".

[96]) Vgl. schon oben Seite 1 und Anmerkung 4) daselbst. Speziell darüber, daß § 43 II PatG den §§ 233 ff. ZPO nachgebildet ist, siehe: DPA GRUR 1951, 399 und Schade GRUR 1953, 49 (50). Es ist deshalb angängig, aus § 43 II PatG Argumente für die Rechtsnatur der Wiedereinsetzung überhaupt herzuleiten.

3. Die Zulassungstheorie.

Ziel der Wiedereinsetzung ist es, einer Prozeßhandlung, die in einem Verfahrensabschnitt vorgenommen wurde, in dem sie nicht mehr wirksam vollzogen werden konnte, nachträglich prozessuale Beachtlichkeit zu verleihen. Prozessuale Beachtlichkeit wird der verspäteten Prozeßhandlung im Wiedereinsetzungsverfahren aber einfach dadurch verliehen, daß sie richterlich sanktioniert, also nachträglich ausdrücklich für prozessual beachtlich erklärt wird. So hat auch das Reichsgericht in einer Entscheidung ausgesprochen[97]: „. . . ist die Wiedereinsetzung in den vorigen Stand begründet. Danach ist das eingelegte Rechtsmittel als zulässig zu erklären"[98]).

Die Auffassung, daß es sich bei der Wiedereinsetzung primär um eine gerichtliche Erklärung der Zulässigkeit einer unzulässigen Prozeßhandlung handelt, kommt klar zum Ausdruck beispielsweise im § 84 I des Bundesvertriebenengesetzes vom 19. 5. 1953 und § 134 II und IIII des Flurbereinigungsgesetzes vom 14. 7. 1953. In diesen Vorschriften ist bestimmt, daß verspätete Erklärungen unter bestimmten Voraussetzungen zuzulassen seien. Im § 84 I des Bundesvertriebenengesetzes heißt es ausdrücklich: „Das Gericht kann einen Antrag des Gläubigers nach diesem Zeitpunkt durch besonderen Beschluß zulassen, wenn der Gläubiger glaubhaft macht, daß er ohne sein Verschulden den Antrag nicht rechtzeitig gestellt hat, und ihn nach Wegfall des Hindernisses unverzüglich nachgeholt hat. Gegen die Entscheidung des Gerichts über die Zulassung . . ."[99]).

Unmittelbarer Gegenstand des Richterspruches im Wiedereinsetzungsverfahren ist nicht die Beseitigung der sonstigen Folgen der Fristversäumnis. Allerdings auch sie müssen beseitigt werden, damit das Verfahren seinen Fortgang nehmen kann. Ihr Fortfall beruht jedoch darauf, daß sie nur wirksam sein können, solange nicht eine Wiedereinsetzungsentscheidung ergangen ist. Mit Ausspruch der Wiedereinsetzung müssen sie ipso jure fortfallen. Ihr Fortbestand wäre prozessual unvereinbar mit der Existenz einer wirksamen fristgebundenen Prozeßhandlung[100]). Diese

---

[97]) RG JW 1931, 1088 Nr. 18.

[98]) Ähnlich: KG JW 1931, 2387 Nr. 27.

[99]) Im § 134 II und III des Flurbereinigungsgesetzes heißt es: „Die Flurbereinigungsbehörde kann nach Lage des einzelnen Falles spätere Erklärungen trotz Versäumung zulassen. . .
Die Vorschriften des Absatzes 2 gelten entsprechend, wenn Beschwerden oder Anträge trotz Versäumung einer gesetzlichen Frist vorgebracht werden".

[100]) Prozessual nicht möglich wäre es z. B., daß sich ein wirksames Rechtsmittel gegen ein rechtskräftiges Urteil richtet. Daraus folgt, daß notwendig mit Wirksamwerden eines Rechtsmittels die Rechtskraft des angefochtenen Urteils entfallen muß.

Folgenbeseitigung ist also nichts anderes als die natürliche und rechtlich notwendige Kehrseite der prozessualen Zulässigkeitserklärung, die der Richter in Bezug auf die verspätete Prozeßhandlung ausspricht.

Rechtlich erklärt sich jene Folgenbeseitigung „ipso jure" am angemessensten als ein Fall gesetzlicher Zurückversetzung des Verfahrens, wofür das Gesetz in § 342 ZPO ein bekanntes Beispiel bietet. Hervorzuheben ist jedoch ausdrücklich, daß, im Gegensatz zur Lehre von der Zurückversetzung des Verfahrens [101]), nach der hier vertretenen Auffassung die Zurückversetzung selbst nicht Gegenstand des Richterspruches und die Wirksamkeit der nachgeholten Prozeßhandlung nicht eine Folge der Zurückversetzung ist. Es ist vielmehr gerade umgekehrt: die Zurückversetzung ist eine notwendige Folge der richterlichen Erklärung, daß die nachgeholte Prozeßhandlung zulässig sein solle.

Die hier dargelegte Meinung erklärt m. E. rechtlich in der zwanglosesten Weise den Vorgang der Wiedereinsetzung in den vorigen Stand. Sie wird vor allem dem Bewußtsein des mit dem Erlaß einer Wiedereinsetzungsentscheidung befaßten Richters gerecht, dessen Willen im Ergebnis einfach darauf hinausläuft, der verspäteten Prozeßhandlung prozessuale Beachtung zu verleihen, sie also für zulässig zu erklären.

---

[101]) Siehe oben Seiten 10 ff.

ZWEITER TEIL

Einzelne Probleme

A. Der Begriff der Frist in § 44 StPO, insbesondere die Frage, ob Wiedereinsetzung bei Versäumung einer bei der Staatsanwaltschaft zu wahrenden Frist und bei Versäumung der Strafantragsfrist des § 61 StGB erteilt werden kann.

I. Allgemeines zum Begriff der Frist in § 44 StPO.

Das Strafprozeßrecht kennt zwei Arten von Wiedereinsetzung: die Wiedereinsetzung bei Frist — und die Wiedereinsetzung bei Terminversäumnis. Während die Fälle einer Terminversäumnis, die wiedereinsetzungsfähg sind, einzeln und abschließend aufgezählt sind (vgl. die §§ 235, 315, 329 II, 342, 391 IV und 412 II), fehlt eine genaue Bestimmung der der Wiedereinsetzung zugänglichen Fristen. § 44 erwähnt lediglich die Versäumung „einer Frist".

Die herrschende Lehre versteht allgemein unter einer Frist einen Zeitraum — im Gegensatz zu einem Termin, den sie als Zeitpunkt bezeichnet — innerhalb dessen etwas geschehen muß oder soll [1]). Man hat demgegenüber sehr zutreffend darauf hingewiesen [2]), daß mit dem Begriffspaar „Zeitraum — Zeitpunkt" das Charakteristische der Frist gegenüber dem Termin nicht erfaßt sei. Auch Termine, so wird geltend gemacht, hätten zeitliche Ausdehnung und seien somit gleichfalls Zeiträume. Eine Frist zeichne sich vielmehr dadurch aus, daß sie ein zu einseitigem Handeln eines Prozeßbeteiligten bestimmter Zeitraum sei [3]), während ein Termin ein zu einverständlichem Zusammenwirken mehrerer Personen vorgesehener Zeitraum sei. Diese Unterscheidung ist richtig. Übersehen ist aber, daß auch ein zeitlicher Unterschied zwischen Fristen und Terminen besteht. Während der Zeitraum eines Termins nur dem Anfangspunkt nach genau bestimmt ist (und auch das nicht notwendig), ist begriffliche Voraussetzung eines Zeitraums mit Fristcharakter, daß Anfangs- und Endpunkt genau bestimmt oder bestimmbar sind. Eine Frist ist somit ein seinem Umfang nach genau bestimmter, zu einseitigem prozessualen Handeln vorgesehener Zeitraum [4]).

Ihrem Ursprung nach lassen sich die Fristen einteilen in gesetzliche, richterliche und vertragliche Fristen [5]).

---

1) Vgl. Schmidt 1 vor §§ 42 ff.; v. Kries 456 u. a.

2) Schultze 2.

3) So auch: LG Stuttgart NJW/RzW 1951, 109 (110).

4) Vgl. auch: KMR 1—3 vor § 42.

5) Vertragliche Fristen als dritte Art von Fristen werden zu Unrecht oft nicht berücksichtigt: vgl. z. B. Löwe-Rosenberg 1, 2 vor § 42.

Unstreitig sind im Strafprozeß vertragliche Fristen einer Wiedereinsetzung unzugänglich. Das Vertragsrecht kennt heute keine Wiedereinsetzung mehr. Für das Strafverfahren folgt daraus, daß Wiedereinsetzung nicht erteilt werden kann, wenn eine im Privatklagevergleich vorgesehene Widerrufsfrist versäumt worden ist [6]). Kein Streit herrscht ferner darüber, daß gesetzliche Fristen des materiellen Rechts dem § 44 nicht unterfallen, da diese Bestimmung nur im Rahmen des Strafprozeßrechts gilt [7]). Unstatthaft ist eine Wiedereinsetzung aus diesem Grunde zum Beispiel bei Versäumung der Bekanntmachungsfrist des § 30 II WZG [8]) und des § 200 StGB [9]).

Sonach beschränkt sich der Kreis der Fristen, bei deren Versäumung Wiedereinsetzung gewährt werden kann, auf prozessuale gesetzliche und richterliche Fristen. An diesem Punkt setzt der Streit ein.

II. Kann bei Versäumung einer Frist, die bei der Staatsanwaltschaft zu wahren ist, insbesondere bei Versäumung der Zweiwochenfrist des § 172 I StPO Wiedereinsetzung in den vorigen Stand gewährt werden?

Nach ganz überwiegender Ansicht kann Wiedereinsetzung nur bei Versäumung solcher prozessualen Fristen begehrt werden, die bei einem Gericht — und zwar notwendig, nicht nur fakultativ [10]) — wahrzunehmen waren (gerichtliche Fristen) [11]). Aus diesem Grunde nimmt die herrschende Lehre an, daß Fristen, die bei der Staatsanwaltschaft gewahrt werden mußten (staatsanwaltschaftliche Fristen), insbesondere die Zweiwochenfrist des § 172 I [12]) und die in den §§ 15, 20 des Gesetzes über innerdeutsche Rechts- und Amtshilfe vom 2. 5. 1953 vorgesehene [13]), einer Wiedereinsetzung bei Versäumung unzugänglich sind [14]).

---

[6]) Einhellige Meinung: OLG Oldenburg JW 1931, 2389 ff.; OLG Neustadt JZ 1951, 341 (342); OLG Braunschweig JZ 1952, 313; LG Würzburg NJW 1954, 768 f.; auch: BGH MDR/B 1955 Nr. 363/55.

[7]) Richtig: v. Dassel Recht 1910, 169.

[8]) So: BayrObLGStr. 9, 145 (148) mit der allerdings unzutreffenden Begründung, es handle sich nicht um eine bei Gericht zu wahrende Frist.

[9]) So: OLG München DJZ 1911 Spruchsammlung 40 f.; OLG Neustadt JZ 1951, 341 (342).

[10]) Vgl. KMR 1b zu § 44; Bennecke-Beling 305 und Fußnote 17 daselbst.

[11]) Vgl. KG GA 42, 429; JR 1954, 71; OLG Celle NJW 1954, 974; OLG Köln NJW 1954, 406; Schwarz 2Aa zu § 172; Siegert 187; Bretzfeld BayrZ. 1928, 149 (152).

[12]) So: KG GA 42, 429; KMR 1b zu § 44; Schwarz 2Aa zu § 172; Erbs II zu § 44; Dalcke 1 zu § 44; Dalcke GA 40, 256 (258); Feisenberger 3 zu § 44; Delius GA 43, 177 (187); v. Dassel Recht 1910, 169 f.; Siegert 187; Bretzfeld BayrZ. 1928, 149 (152).

[13]) So: KG JR 1954, 71; OLG Celle NJW 1954, 974; OLG Köln NJW 1954, 406.

[14]) Früher auch für die Frist des § 483 StPO a. F.: v. Dassel Recht 1910, 169 (170).

Zur Begründung dieser Auffassung wird auf die §§ 45 und 46 verwiesen. § 45 gehe davon aus, daß die versäumte Frist bei Gericht hätte gewahrt werden müssen. § 46 setzte ein Gericht als bei rechtzeitiger Handlung zur Entscheidung in der Sache selbst berufene Stelle voraus. Diese Vorschriften paßten nicht auf staatsanwaltschaftliche Fristen. Es müsse deshalb angenommen werden, daß das Gesetz eine Wiedereinsetzung nur bei Versäumung gerichtlicher Fristen gestatte [15]).

Eberhard Schmidt widerspricht [16]) der herrschenden Lehre [17]). Er wirft ihr vor, die ablehnende Ansicht des Kammergerichtes in der Entscheidung GA 42, 429 kritiklos übernommen zu haben. Der Vorwurf der Kritiklosigkeit ist allerdings nicht mehr ganz berechtigt, seit das Oberlandesgericht Celle [18]) die abweichende Meinung Eberhard Schmidt's ausdrücklich gewürdigt und sie als „scheinbar bestechend" aber „letztlich doch nicht überzeugend" unter Hinweis auf die §§ 45, 46 verworfen hat.

Auf die Bedeutung der §§ 45, 46 im Rahmen des Problems geht Eberhard Schmidt nicht ein. Er beruft sich darauf, daß § 44 selbst keine Beschränkung auf gerichtliche Fristen ausspreche. Auch sei nicht einzusehen, warum bei der Berechnung der Zweiwochenfrist des § 172 I Prozeßrecht herangezogen werde, für die Möglichkeit einer Wiedereinsetzung aber Prozeßrecht zessieren solle.

Die herrschende Lehre bestreitet nicht, daß § 44 selbst keine Beschränkung auf gerichtliche Fristen enthält. Sie gibt auch, abgesehen von Erbs [19]), der die staatsanwaltschaftlichen Fristen „Verwaltungsfristen" nennt, zu, daß die Zweiwochenfrist des § 172 I eine prozessuale Frist ist [20]).

Wenn ihre Vertreter dennoch im Hinblick auf die §§ 45 und 46 dem § 44 einen eingeengten Fristbegriff unterstellen wollen, so verkennen sie die Stellung des § 44 im System der strafprozessualen Wiedereinsetzungsvorschriften.

§ 44 ist die Grundlage des Wiedereinsetzungsrechts im Strafverfahren. Als solche bestimmt sie auch den Umfang der Wiedereinsetzung, ebenso wie die entsprechende zivilprozessuale Vorschrift

---

[15]) Vgl. OLG Celle NJW 1954, 974; KMR 1b zu § 44; Siegert 187; v. Dassel Recht 1910, 169; Kohlhaas GA 1954, 129 (135).

[16]) Schmidt 3 zu § 44.

[17]) Auch v. Kries 460, Fußnote 1 daselbst.

[18]) OLG Celle NJW 1954, 974.

[19]) Erbs II zu § 44.

[20]) OLG Celle NJW 1954, 974; OLG München Alsb. E. I Nr. 350. Daß man früher eine entsprechende Anwendung des § 306 I auf die Zweiwochenfrist des § 172 ablehnte (so: KG GA 42, 428; OLG Stuttgart GA 41, 301; OLG Celle GA 60, 302), beruhte nicht auf einer Leugnung des prozessualen Charakters dieser Frist, sondern auf der Fassung des § 172. Die heutige Regelung in § 172 entspricht in etwa dem § 306 I.

des § 233 ZPO. Die nachfolgenden §§ 45 bis 47 enthalten lediglich Ausführungsvorschriften für das Wiedereinsetzungsverfahren, sind also in dieser Eigenschaft prinzipiell nicht geeignet, den Umfang der Wiedereinsetzung zu bestimmen. Gesetzestechnisch entspräche es zumindest nicht der Regel, wenn der Gesetzgeber, hätte er die Wiedereinsetzung auf gerichtliche Fristen beschränken wollen, diese Beschränkung so unsystematisch und beiläufig in den rein verfahrensrechtlichen Bestimmungen der §§ 45 und 46 zum Ausdruck gebracht hätte.

Möglich ist allerdings, daß der Gesetzgeber stillschweigend von jener Beschränkung ausgegangen ist, und die §§ 45 und 46 gleichsam ein Spiegelbild dieser Auffassung sind. Hierbei ist aber zu unterscheiden: hat der Gesetzgeber an das Problem einer Wiedereinsetzung bei Versäumung anderer als gerichtlicher Fristen nicht gedacht, kann er auch nicht den Willen gehabt haben, in solchen Fällen eine Wiedereinsetzung auszuschliessen. Es bestünde eine gegebenenfalls ausfüllungsbedürftige Gesetzeslücke. Aber auch wenn er sich dieses Problemes bewußt war, ist eine Anerkennung der gesetzgeberischen Ansicht nicht zwingend geboten. Bindend wäre sie nur dann, wenn sie in der für den Anwendungsbereich der strafprozessualen Wiedereinsetzung gesetzestechnisch entscheidenden Vorschrift des § 44 Ausdruck gefunden hätte. Solange jedoch diese Bestimmung denkgesetzlich zu einer einschränkenden Auslegung des Fristbegriffes nicht nötigt, ist es erlaubt, die zweckentsprechendste Auslegung zu bevorzugen.

Sieht man die §§ 45 und 46 im gesetzestechnisch richtigen Verhältnis zu § 44, kommt diesen Vorschriften nicht die ihnen überwiegend beigelegte führende Rolle bei Bestimmung des Fristbegriffs im Wiedereinsetzungsrecht zu.

Zeigen diese Erwägungen schon, daß die Argumentation der herrschenden Lehre nicht sehr überzeugend ist, so spricht die Interessenlage gerade im Falle des § 172 I entschieden für eine Wiedereinsetzung. Es ist schwer faßlich, daß der Antragsteller, wenn er die Zweiwochenfrist versäumt hat, rechtlos gestellt sein soll, bei Versäumung der Einmonatsfrist aber Wiedereinsetzung beantragen darf. Dies ist umso weniger verständlich, als die Beschwerde an die Staatsanwaltschaft und der Antrag an das Oberlandesgericht zusammen — wie schon der Aufbau des § 172 zeigt — das Klageerzwingungsverfahren bilden, und der Antrag auf gerichtliche Entscheidung nur dann zulässig ist, wenn die Beschwerdefrist eingehalten wurde [21]). Nach herrschender Ansicht sind die Folgen einer Fristversäumung in diesem einheitlichen Klageerzwingungsverfahren je nach dem Zeitpunkt der Verhinderung verschieden, und es hängt ganz vom Zufall

---

[21]) Vgl. OLG Bremen NJW 1948, 394 Nr. 19.

ab, ob das Klageerzwingungsrecht durch eine Fristversäumnis endgültig verloren ist oder nicht. Die Durchsetzung eines Rechts vom Zufall abhängig zu machen, widerspricht jedoch der Gerechtigkeit. Daß die Verhinderung an der Einhaltung der einen oder anderen Frist gleich behandelt werden soll, dafür gibt das Gesetz selbst auch schon gleichsam einen Hinweis, indem es für beide Fristen eine Ablaufhemmung vorsieht, wenn die gesetzlich vorgeschriebene Belehrung unterblieben ist (vgl. § 172 I Satz 3 und § 172 II Satz 2).

Die herrschende Meinung verkennt selbst nicht, daß sie zu unbefriedigenden Ergebnissen gelangt[22]). Einzelne ihre Vertreter[23]) meinen zwar, Nachteile habe der Antragsteller bei irreparabeler Versäumung der Zweiwochenfrist nicht zu befürchten, da es ihm unbenommen sei, einen verbesserten neuen Antrag bei der Staatsanwaltschaft einzureichen und sich gegen dessen Ablehnung mit einer fristgerechten Beschwerde zu wenden. Aber mit der Möglichkeit, einen verbesserten Antrag einzureichen, der infolge der Verbesserung ein zulässiger neuer Antrag wäre[24]), ist dem Antragsteller nicht geholfen, wenn er, wie das oft der Fall ist, zu einer Verbesserung seines Antrages nicht in der Lage ist.

Die Interessenlage spricht also für eine Wiedereinsetzung bei Versäumung der Zweiwochenfrist des § 172 I. Das Problem ist damit aber noch nicht gelöst. Die bedeutsamste Schwierigkeit bereitet die verfahrensrechtliche Gestaltung solcher Wiedereinsetzung.

Auch von dem hier vertretenen Standpunkt aus muß mit der herrschenden Meinung festgestellt werden, daß die §§ 45, 46 nicht auf staatsanwaltschaftliche Fristen passen, es insofern also an einer gesetzlichen Regelung fehlt.

Eberhard Schmidt[25]) und v. Kries[26]) sind der Auffassung, daß bei Versäumung der zweiwöchigen Beschwerdefrist das Oberlandesgericht, das für die Entscheidung über den Antrag auf gerichtliche Entscheidung zuständig wäre, auch über den Wiedereinsetzungsantrag zu erkennen habe. Eberhard Schmidt beruft sich auf § 46 I, demzufolge „ein Gericht" über die Wiedereinsetzung zu entscheiden habe. „In der Sache selbst" entscheide im Klageerzwingungsverfahren aber der Strafsenat des zuständigen Oberlandesgerichtes. v. Kries be-

---

[22]) Vgl. OLG Celle NJW 1954, 974.
In diesem Falle war verspätet beim Generalstaatsanwalt ein Antrag mit dem Begehren eingereicht worden, die Vollstreckung einer gegen den Antragsteller von einem Gericht der Sowjetzone verhängten Zuchthausstrafe von 15 Jahren (!) für unzulässig zu erklären. Das Gericht lehnte eine Wiedereinsetzung ab.

[23]) Delius GA 43, 177 (187); auch: Dalcke GA 40, 256 ff.

[24]) Vgl. Schmidt 27 zu § 172.

[25]) Schmidt 1 zu § 46.

[26]) v. Kries 460 Fußnote 1.

merkt, die Sache liege hier ganz entsprechend „wie im Falle des § 461 StPO a. F.“ [27]).

Dagegen läßt sich zunächst einwenden, daß die §§ 45, 46 **ausdrücklich** nur gerichtliche Fristen betreffen, auf staatsanwaltschaftliche Fristen also nicht ohne weiteres angewendet werden können. Was den § 461 StPO a. F. angeht, so bestimmte er durch seine Verweisung auf den § 455 StPO a. F., daß ein Gericht über die Wiedereinsetzung zu entscheiden habe. Diese Verweisung wäre überflüssig gewesen, wenn schon nach § 46 die Zuständigkeit eines Gerichtes bei Versäumung nichtgerichtlicher Fristen begründet wäre. Außerdem müßte im Gegensatz zu den §§ 459 ff. StPO a. F., gemäß denen bei rechtzeitigem Antrag ein Gericht zur Sachentscheidung berufen war, bei rechtzeitiger Einreichung der Beschwerde des § 172 I nicht ein Gericht, sondern der vorgesetzte Beamte der Staatsanwaltschaft in der Sache selbst befinden. Die Situation ist hier also eine andere als im Falle des § 461 StPO a. F.

Man könnte allerdings daran denken, daß das Oberlandesgericht insofern zur Entscheidung in der Sache selbst berufen ist, als es im weiteren Verlauf des Klageerzwingungsverfahrens zur sachlichen Entscheidung berufen ist, also für einen bestimmten Teil dieses Verfahrens eine funktionelle Zuständigkeit hat. Aber das genügt nicht. „Zur Entscheidung in der Sache selbst“ im Sinne des § 46 ist nur das Gericht berufen, das über die konkrete versäumte Prozeßhandlung zu entscheiden hat [28]). Über die Beschwerde des § 172 I vermag das Oberlandesgericht aber nicht zu entscheiden.

Die Regelung des § 46 I ist gerade deswegen getroffen worden, damit durch die Entscheidung nur eines Gerichtes über den Wiedereinsetzungsantrag und die Sache selbst ein möglichst zügiger Verfahrensgang gewährleistet ist, ein Bestreben, dem in § 238 I Satz 1 ZPO ausdrücklich Anerkennung gegeben wurde: „Das Verfahren über den Antrag auf Wiedereinsetzung ist mit dem Verfahren über die nachgeholte Prozeßhandlung zu verbinden“. Eberhard Schmidt's und v. Kries' Vorschlag, das Oberlandesgericht über die Wiedereinsetzung entscheiden zu lassen, widerspricht somit dem gesetzlichen Zweck des § 46 I.

Sachgemäßer, weil mit Sinn und Zweck des § 46 I besser vereinbar, ist es, die Entscheidung über die Wiedereinsetzungsbitte dem

---

[27]) In § 461 StPO a. F. war eine Wiedereinsetzung bei Versäumung der Frist, innerhalb deren nach § 459 StPO a. F. gegen den Strafbescheid einer Verwaltungsbehörde ein Antrag auf gerichtliche Entscheidung gestellt werden konnte, zugelassen. Durch eine Verweisung des § 461 StPO a. F. auf § 455 StPO a. F. war klargestellt, daß, obwohl der Antrag auf gerichtliche Entscheidung bei der Verwaltungsbehörde eingereicht werden mußte, der Amtsrichter (§ 455 II StPO a. F.) über das Wiedereinsetzungsgesuch zu entscheiden hatte.

[28]) Vgl. OLG Celle NJW 1954, 974.

bei rechtzeitiger Beschwerde sachlich entscheidenden vorgesetzten Beamten der Staatsanwaltschaft zu übertragen. Diese Auffassung ist bisher nur von John [29]) vertreten worden. v. Dassel [30]) freilich meint, eine derartige Auslegung des Gesetzes sei „weder nach den Regeln der Analogie noch sonstwie" gerechtfertigt. Das ist nicht richtig. Gerade die Regeln der Analogie gebieten es, das analog anzuwendende Gesetz zweckgerecht, das heißt so anzuwenden, daß der vom Gesetz verfolgte Zweck erreicht wird. Da § 46 I aber eine einheitliche Entscheidung über das Wiedereinsetzungsgesuch und die Sache selbst bezweckt, ist es angemessen, den sachlich entscheidenden Beamten der Staatsanwaltschaft auch das Wiedereinsetzungsgesuch bescheiden zu lassen.

Diese Auffassung ist zudem in Hinblick auf § 45 geboten. Schon den Gesetzen der Analogie entspricht es, bei Versäumung staatsanwaltschaftlicher Fristen die versäumte Handlung gleichfalls bei der Stelle nachholen zu lassen, der gegenüber sie rechtzeitig hätte vorgenommen werden müssen. Das ist gemäß § 172 I entweder die abschlägig bescheidende staatsanwaltschaftliche Behörde oder deren vorgesetzter Beamter. Welches Gericht sollte auch zur Entgegennahme der nachgeholten Beschwerde des § 172 I zuständig sein? Bietet im Falle des § 46 I der Begriff der „Entscheidung in der Sache selbst" bei erweiternder Auslegung möglicherweise einen gewissen Anhaltspunkt für die Bestimmung des zuständigen Gerichtes, so versagt dieses Kriterium aber bei § 45. Die gerichtliche Zuständigkeit des § 45 ist nicht notwendig abhängig von der Befugnis zur Entscheidung in der Sache selbst. Zum Beispiel muß bei Versäumung der Berufungs- oder Revisionsfrist das Wiedereinsetzungsgesuch nicht bei dem zur sachlichen Entscheidung über das Rechtsmittel zuständigen Berufungs- oder Revisionsgericht, sondern bei dem judex a quo angebracht werden (§§ 45, 214, 341).

Entscheidender noch fällt ins Gewicht, daß die versäumte Beschwerde des § 172 I einem Gericht gegenüber im Sinne des § 45 nicht „nachgeholt" werden könnte, da nach einhelliger Meinung [31]) diese Nachholung vollwirksam sein muß, die Beschwerde des § 172 I wirksam aber nur bei der Staatsanwaltschaft und nicht bei Gericht angebracht werden kann.

Die versäumte Beschwerde müßte also jedenfalls gegenüber der Staatsanwaltschaft nachgeholt werden. Das Wiedereinsetzungsverfahren würde aber sehr umständlich, wenn die Staatsanwaltschaft das Wiedereinsetzungsgesuch nebst der nachgeholten Beschwerde dem Oberlandesgericht vorlegen und das Oberlandesgericht nach

---

[29]) Vgl. die Angaben bei: v. Kries 460 Fußnote 1 und v. Dassel Recht 1910, 169 (170).

[30]) v. Dassel Recht 1910, 169 (170).

[31]) Vgl. z. B.: Schmidt 11 zu § 44; KMR 1b zu § 45.

Entscheidung über das Gesuch den ganzen Vorgang der Staatsanwaltschaft zurückreichen müßte.

Es bestehen m. E. keine Bedenken, das ganze Wiedereinsetzungsverfahren bei Versäumung der Zweiwochenfrist der Staatsanwaltschaft zu überantworten. Eine „Entscheidung" zu fällen ist keine der Staatsanwaltschaft fremde Tätigkeit. Die Entschließung der Staatsanwaltschaft auf eine rechtzeitig eingelegte Beschwerde im Klageerzwingungsverfahren ist ihrer Struktur nach ebenso eine „Entscheidung" wie der Beschluß des Oberlandesgerichtes im gleichen Verfahren. Auf die Benennung kommt es nicht an. Die Objektivität einer staatsanwaltschaftlichen Entscheidung im Wiedereinsetzungsverfahren kann auch nicht durch die Weisungsgebundenheit der Staatsanwaltschaft gefährdet werden. Weisungsgebunden ist die Staatsanwaltschaft nur innerhalb der Grenzen des Rechts [32]). Man wird der „objektivsten Behörde der Welt" [33]), die sich nicht weniger als ein Gericht rechtsstaatlichem Handeln verpflichtet fühlt — solange wenigstens unsere gesamte Rechtspflege rechtsstaatliche Grundsätze beachtet — in Hinblick auf die richterliche Qualifikation ihrer Beamten durchaus die Fähigkeit zutrauen dürfen, ein Wiedereinsetzungsgesuch sachgemäß und gerecht zu entscheiden [34]). Anderen Verfahrensgesetzen ist zudem die Entscheidung von Wiedereinsetzungsgesuchen durch nichtrichterliche Instanzen nichts Fremdes (vgl. zum Beispiel § 36 II VO 165).

Eine letzte Schwierigkeit bereitet der hier verfochtenen Auffassung § 46 II, demzufolge gegen eine ablehnende Wiedereinsetzungsentscheidung die sofortige Beschwerde zulässig ist. Soweit zur Entscheidung über das Wiedereinsetzungsgesuch der Generalstaatsanwalt als vorgesetzter Beamter berufen ist, wird man, abgesehen von der stets zulässigen Dienstaufsichtsbeschwerde, seine ablehnende Entscheidung nicht anfechten können, da es eine übergeordnete staatsanwaltschaftliche Behörde nicht gibt (vgl. § 142 GVG). Das ist nicht besonders unbillig, wenn man bedenkt, daß der Generalstaatsanwalt auf Oberlandesgerichtsebene tätig wird und auch dann, wenn nach dem Vorschlag von Eberhard Schmidt dem Oberlandesgericht die Entscheidung übertragen würde, eine Anfechtung gemäß § 304 IV ausgeschlossen wäre. Richtete sich die verspätete Beschwerde jedoch gegen einen Einstellungsbescheid des Amtsan-

---

[32]) Vgl. Schmidt MDR 1951, 1 (4 l. Sp.).

[33]) Vgl. Schmidt MDR 1951, 1 (3 l. Sp. unten).

[34]) Vgl. den Bericht über eine Rede des nordrhein-westfälischen Justizministers Amelunxen in DRiZ 1955, 92 f.: „So ist im demokratischen Rechtsstaat die Staatsanwaltschaft . . Anwalt des Staates . . zur Durchführung der Gerechtigkeit als dem Fundament des Staates. . . So steht heute die Staatsanwaltschaft als Symbol des Gerechtigkeitswillens des Staates vor uns".

waltes und war demgemäß der Oberstaatsanwalt zur Entscheidung über die Wiedereinsetzung berufen, dann kann in entsprechender Anwendung des § 46 II mit § 311 eine „sofortige Beschwerde" an den Generalstaatsanwalt gerichtet werden.

Die hier entwickelte Ansicht wird, insofern sie überhaupt eine Wiedereinsetzung bei Versäumung der staatsanwaltschaftlichen Frist des § 172 I zuläßt, den Belangen der Gerechtigkeit und, indem sie die Entscheidung über den Wiedereinsetzungsantrag der Staatsanwaltschaft selbst überträgt, dem Bedürfnis nach praktischer und rascher Verfahrensgestaltung am besten gerecht.

III. Kann bei Versäumung der Strafantragsfrist des § 61 StGB Wiedereinsetzung in den vorigen Stand gewährt werden?

Ebenso ablehnend wie gegen eine Wiedereinsetzung bei Versäumung staatsanwaltschaftlicher Fristen verhält sich die herrschende Lehre auch gegen eine Wiedereinsetzung bei Versäumung der Strafantragsfrist des § 61 StGB [35]). Nur Eberhard Schmidt vertritt auch hier die Auffassung [36]), daß eine Wiedereinsetzung in unmittelbarer Anwendung des § 44 zulässig sei, während Olshausen [37]) und ihm folgend Löwe-Rosenberg [38]) § 44 entsprechend anwenden wollen.

Die Vertreter aller Meinungen sind sich darüber einig, und sie finden sich damit in Übereinstimmung mit der fast allgemeinen Ansicht, daß der Strafantrag nicht dem materiellen Recht zugehörig, sondern als Voraussetzung der Strafverfolgung Bestandteil des Prozesses ist [39]).

Die Gründe, die die herrschende Meinung dennoch dazu bewogen haben, Wiedereinsetzung bei Versäumung der Strafantragsfrist zu versagen, sind unterschiedlich. Vorwiegend wird darauf hingewie-

---

[35]) Siehe: OLG Neustadt JZ 1951, 341 (342); OLG Bremen NJW 1956, 392; LK VII 1 zu § 61; Frank VIII 6 zu § 61; KMR 1b zu § 44; Bennecke-Beling 305 Fußnote 17; Kern 84; Siegert 187; Töwe GS 112, 22 (37); Brückner NJW 1954, 1717 (1718); Schäfer JZ 1951, 342.

[36]) Schmidt 3 zu § 43; 3 zu § 44.

[37]) Olshausen 15 zu § 61.

[38]) Löwe-Rosenberg 6 zu § 44.

[39]) **Rechtsprechung:**
RGStr. 68, 120 (124); 73, 113 (114); 75, 306 (311); 77, 181 (183); RG: DR 1940, 1671 Nr. 6; DR 1941, 2180 (2181 l. Sp. unten); BGH: NJW 1954, 1413; NJW 1955, 232; MDR 1955, 143 r. Sp.; BayrObLGStr. 1949—51, 357 (358); KG GA 72, 350; OLG: Bamberg HEStr. 2, 215 (216); Oldenburg MDR 1954, 55; Neustadt GA 1955, 185 (188 oben); Anders: OLG Düsseldorf NJW 1953, 37.
Literatur:
LK II 2 zu § 61; Frank VII vor § 51; II zu § 61; Kohlrausch-Lange VI vor § 1; II zu § 61; Schwarz StGB 1 zu § 61; Welzel 44; Maurach I 745; Bennecke-Beling 303 Fußnote 8; Henkel 238; Töwe GS 112, 22 (37); anders: Schreiber NJW 1949, 497 (498).

sen, daß die Strafantragsfrist keine Prozeßfrist sei [40]). Das Kammergericht [41]), das Oberlandesgericht Bamberg [42]) und Frank [43]) führen dazu aus, die Strafantragsfrist sei keine Prozeßfrist, weil sie keine Frist „im" Prozeß sei [44]). Töwe [45]) meint, die Strafantragsfrist könne gerade deswegen keine Prozeßfrist sein, weil der Strafantrag „Voraussetzung" des Prozesses sei. Im Leipziger Kommentar [46]) schließlich wird auf eine Begründung überhaupt verzichtet.

Man würde dieser Lehre nicht gerecht, sähe man in ihr eine Verneinung des prozessualen Charakters der Strafantragsfrist überhaupt [47]). Gerade aus den Reihen der herrschenden Lehre ist betont darauf hingewiesen worden, daß die Strafantragsvorschriften „ausschließlich verfahrensrechtliche Vorschriften" seien [48]), der Strafantrag als Prozeßvoraussetzung „ganz dem Pozeßrecht" angehöre [49]) und die Frist eine „prozeßrechtliche" sei [50]).

Wenn die überwiegende Meinung andererseits in der Strafantragsfrist keine Prozeßfrist sieht und bei Berechnung des Laufs der Frist nicht auf § 43 zurückgreifen will [51]), widerspricht sie sich nicht. Was zunächst die Fristberechnung betrifft, so beruht sie auf der ausdrücklichen Vorschrift des § 61 Satz 2 StGB, die gegenüber § 43 lex specialis ist [52]).

Unter einer Prozeßfrist versteht die herrschende Lehre, wie aus den mitgeteilten Begründungen zu ersehen ist, eine Frist „im" Prozeß. Das ist die Antragsfrist tatsächlich nicht. Ihr prozessualer Charakter ist damit aber nicht verneint. Zu den prozessualen Fristen gehören nicht nur Fristen „im" Prozeß, sondern alle Fristen, die für

---

[40]) Vgl. KG GA 72, 350; OLG Bamberg HEStr. 2, 215 (216); LK VII 1 zu § 61; Frank VIII 6 zu § 61; Töwe GS 112, 22 (37); wohl auch: Brückner NJW 1954, 1717 (1718).

[41]) KG GA 72, 350.

[42]) OLG Bamberg HEStr. 2, 215 (216).

[43]) Frank VIII 6 zu § 61.

[44]) Mit gleicher Begründung RG LZ 1919, 813 Nr. 32 für eine Amnestiefrist.

[45]) Töwe GS 112, 22 (37).

[46]) LK II 2 zu § 61.

[47]) So legen die herrschende Lehre aber wohl aus: Schmidt 3 zu § 43; Bennecke-Beling 303 Fußnote 8.

[48]) RGStr. 77, 181 (183).

[49]) LK II 2 zu § 61.

[50]) KMR 1b zu § 44; Bennecke-Beling 303 Anmerkung 8; Siegert 187 Fußnote 3.

[51]) Siehe über die Berechnung der Strafantragsfrist: RGStr. 1, 40 (41); BayrObLG JW 1926, 1232 Nr. 4; KG GA 72, 350; OLG Frankfurt NJW 1953, 1235; Löwe-Rosenberg 9 zu § 42; Dalcke 1 zu § 43; Feisenberger 2 zu § 43; Koch 1 zu § 43; 2 zu § 44; auch: OLG Düsseldorf NJW 1953, 37.

[52]) Eine Berechnung der Antragsfrist nach § 43 ist also trotz ihres prozessualen Charakters nicht geboten. Dies verkennen: Schmidt 3 zu § 43; Stenglein 59; Bennecke-Beling 304 Fußnote 13.

eine einseitige prozessuale Tätigkeit bestimmt sind[53]). Eine einseitige, innerhalb einer Frist vorzunehmende Tätigkeit prozessualen Charakters ist auch der Strafantrag, denn er ist das prozessuale Begehren des Antragsberechtigten auf Erhebung der öffentlichen Klage[54]).

Zur Diskussion steht somit nur, ob Wiedereinsetzung ausschließlich bei Versäumung von Fristen „im" Prozeß oder auch bei Versäumung sonstiger prozessualer Fristen statthaft ist.

Das Gesetz selbst löst das Problem und zeigt, daß Wiedereinsetzung nicht nur bei Versäumung von Fristen „im" Prozeß gewährt werden darf. Gemäß § 282 c kann gegen ein rechtskräftiges Abwesenheitsurteil unter den Voraussetzungen des Absatzes II dieser Bestimmung und in der dort festgesetzten Frist Wiederaufnahme begehrt werden. Diese Wiederaufnahmefrist ist keine Frist „im" Prozeß, da das Abwesenheitsverfahren durch rechtskräftiges Urteil abgeschlossen ist, und der fristgebundene Wiederaufnahmeantrag gerade der Ingangsetzung eines neuen Prozesses dient, dem Prozeß also voraufgeht. Dennoch ist, soweit ersichtlich, bisher noch nicht bestritten worden, daß bei Versäumung dieser Frist eine Wiedersetzung möglich ist. Das Beispiel zeigt, daß das Gesetz die Wiedereinsetzung nicht auf Fristen „im" Prozeß beschränkt.

Andere Erwägungen stellt das Oberlandesgericht Neustadt[55]) zur Stütze der herrschenden Ansicht an. Dieses Gericht hält die Strafantragsfrist für nicht wiedereinsetzungsfähig, weil ihr Lauf an Ereignisse außerhalb eines Prozesses geknüpft sei, zum Begriffe der prozessualen Frist aber gehöre, daß ihr Lauf an prozessuale Ereignisse gebunden sei[56]). Das Argument überzeugt nicht. Zum Begriffe der prozessualen Frist gehört nicht, daß ihr Lauf von prozessualen Ereignissen abhängig ist. Das zeigt sich an der Wiedereinsetzungsfrist des § 45. Diese Frist läuft von der „Beseitigung des Hindernisses" an. Die Beseitigung des Hindernisses ist aber oftmals ein außerprozessuales Ereignis (zum Beispiel das Sinken der Flut bei einer Überschwemmung, die der Fristwahrung hinderlich war). Dennoch kann unstreitig bei Versäumung der Wiedereinsetzungsfrist Wiedereinsetzung erteilt werden[57]).

Eine letzte Gruppe von Vertretern der überwiegenden Meinung schließlich sieht sich an einer Wiedereinsetzung bei Versäumung

---

[53]) Vgl. LG Stuttgart NJW/RzW 1951, 109 (110); Schmidt 1 vor § 42; Schultze 2; Bennecke-Beling 303 Fußnote 8.

[54]) Siehe: Maurach I 746; Peters 154.

[55]) OLG Neustadt JZ 1951, 341 (342) mit zustimmender Anmerkung von Schäfer JZ 1951, 342.

[56]) Vgl. auch: OLG Oldenburg JW 1931, 2389 (2390); LG Würzburg NJW 1954, 768 (769).

[57]) Vgl. statt aller: Schmidt 4 zu § 44.

der Strafantragsfrist dadurch gehindert, daß der Strafantrag nicht notwendig bei Gericht wahrzunehmen, die Strafantragsfrist also nicht notwendig eine gerichtliche Frist ist [58]).

Es ist bereits dargelegt worden, daß eine prinzipielle Beschränkung der Wiedereinsetzung auf notwendig gerichtliche Fristen nicht billigenswert ist [59]). Siegert meint nun [60]), selbst wenn man von der Befugnis, den Strafantrag bei anderen Behörden anzubringen, einmal absehen wolle, sei im Hinblick auf die §§ 45, 46 eine Wiedereinsetzung bei Versäumung der Antragsfrist nicht möglich. Nach dem Sinn des § 45 müsse ein „bestimmtes" Gericht zur Entgegennahme des Wiedereinsetzungsantrages zuständig sein. Da aber der Strafantrag bei jedem deutschen Gericht gestellt werden könne, sei auch jedes deutsche Gericht zur Entgegennahme des Wiedereinsetzungsgesuches befugt, so daß eine bestimmte Zuständigkeit fehle. Auch § 46 passe nicht auf den Fall der Versäumung der Strafantragsfrist.

Siegert's Erwägungen besitzen wenig Überzeugungskraft. Der Sinn des § 45 ist es, das Wiedereinsetzungsgesuch und die nachzuholende Prozeßhandlung bei e i n e m Gericht anbringen zu lassen. In der Regel wird das für die nachzuholende Handlung zuständige Gericht allerdings ein „bestimmtes" sein. Welche Nachteile aber daraus entstehen können, daß bei Versäumung einer Strafantragsfrist der Antrag bei j e d e m deutschen Gericht nachträglich angebracht werden kann [61]), ist nicht erkennbar. Den Belangen der Rechtssicherheit ist Genüge getan, wenn mit Stellung des Wiedereinsetzungsantrages ein bestimmtes Gericht zuständig wird [62]). Der gleichzeitigen Befassung mehrerer Gerichte mit einem Wiedereinsetzungsgesuch könnte durch eine entsprechende Anwendung des § 12 I begegnet werden.

Was schließlich § 46 betrifft, so läßt sich nicht ohne weiteres sagen, er treffe auf den Fall einer Versäumung der Strafantragsfrist nicht zu. Im Sinne dieser Vorschrift als „zur Entscheidung in der Sache selbst" berufen könnte das Gericht gelten, das sachlich

---

[58]) So: KMR 1b zu § 44; Bennecke-Beling 305 Fußnote 17; Siegert 187.

[59]) Siehe oben Seiten 21 ff.

[60]) Siegert 187.

[61]) Vgl. zur Zuständigkeit der Gerichte nach § 158 II: Schmidt 12 zu § 158; Löwe-Rosenberg 9 zu § 158; KMR 11a zu § 158; Schwarz 2B zu § 158; Erbs III 1 zu § 158. **Zuständig** zur Entgegennahme eines Strafantrages ist j e d e s deutsche Gericht. **Verpflichtet** zur Annahme sind nach überwiegender Meinung aber n u r die A m t s g e r i c h t e u n d das mit der Sache selbst befaßte Gericht: vgl. Löwe-Rosenberg und KMR a. a. O.

[62]) Wird der Wiedereinsetzungsantrag zeitlich n a c h dem verspäteten Strafantrag eingereicht, und ist der Strafantrag bereits dem sachlich zuständigen Gericht zugeleitet worden, wird dasselbe mit dem Wiedereinsetzungsgesuch zu geschehen haben, damit d a s Gericht entscheidet, bei dem sich auch der Strafantrag befindet.

über das Antragsdelikt zu entscheiden hätte. Aber selbst wenn man § 46 für nicht passend hält, so beweist das nichts. Es gibt keinen Rechtssatz des Inhalts, daß eine Wiedereinsetzung nur dann statthaft ist, wenn auch die Vorschrift des § 46 sinnvoll angewendet werden kann.

Insgesamt sind die Ausführungen der herrschenden Lehre also nicht sehr überzeugend.

Eberhard Schmidt [63]) begründet seine gegenteilige Meinung mit dem Hinweis, daß es sich bei der Strafantragsfrist um eine prozeßrechtliche Frist handele, für die die §§ 42 ff. Geltung hätten. Es bestehe kein Grund, Wiedereinsetzung nicht zuzulassen, wenn die Voraussetzungen dafür gegeben seien. Die Stellungnahme der meisten erkläre sich daraus, daß sie in der Strafantragsfrist noch immer eine materiellrechtliche Frist sähen.

Die Erklärung, die Eberhard Schmidt für die Stellungnahme der herrschenden Ansicht gibt, ist nicht ganz zutreffend, da auch deren Vertreter im allgemeinen den prozessualen Charakter der Strafantragsfrist, wie schon dargelegt, nicht leugnen [64]).

Eberhard Schmidt ist aber darin beizupflichten, daß kein Grund ersichtlich ist, bei Versäumung der Strafantragsfrist Wiedereinsetzung zu versagen, wenn man den prozessualen Charakter dieser Frist anerkennt.

§ 44 enthält keine Beschränkung der Wiedereinsetzung auf solche prozessuale Fristen, die *in* der Strafprozeßordnung geregelt sind Eine derartige Beschränkung entbehrte auch der inneren Logik. Die *äußere* Regelung einer strafprozessualen Materie in einem anderen Gesetz als der Strafprozeßordnung, darf nicht auch noch dazu führen, diese Materie *materiell* den Vorschriften der Strafprozeßordnung zu entziehen [65]). Der Gesetzgeber selbst hat freilich an eine Wiedereinsetzung bei Versäumung der Strafantragsfrist wohl kaum gedacht, weil zu seiner Zeit in dem Strafantrag überwiegend ein Institut des materiellen Rechtes gesehen wurde. Seine (irrige) Auffassung ist jedoch nicht verbindlich, da die Fassung der Wiedereinsetzungsvorschriften ihre Anwendung bei Versäumung der Strafantragsfrist nicht ausschließt.

Es ist bezeichnend, daß die herrschende Lehre sich nur auf formale und dogmatische Erwägungen beruft, nicht aber auf Belange der Rechtssicherheit oder Gerechtigkeit. Im Gegenteil! Olshausen [66]), dogmatisch wohl der überwiegenden Meinung beipflichtend, will § 44 gerade deswegen bei Versäumung der Strafantragsfrist analog anwenden, um „ein gerechtes und richtiges Ergebnis" sicher zu

[63]) Schmidt 3 zu § 43; 3 zu § 44.
[64]) Vgl. oben Seite 29.
[65]) Vgl. auch: Schmidt Teil I Nr. 28.
[66]) Olshausen 15 zu § 61.

stellen. Seiner Auffassung nach besteht ein ausgesprochenes Bedürfnis danach, Wiedereinsetzung zu gestatten.

Dieser Erkenntnis verschließt sich sogar die herrschende Lehre nicht. Auch sie versucht bei schuldloser tatsächlicher oder rechtlicher Behinderung des Antragsstellers an Wahrung der Antragsfrist dadurch zu helfen, daß sie den Fristablauf für gehemmt erklärt [67]. Eine solche Fristhemmung findet im Gesetz allerdings keine Stütze. In den §§ 198, 232 III StGB und in § 388 I ist zwar die Möglichkeit einer Antragstellung auch nach Fristablauf vorgesehen. Für eine Analogie bieten diese Vorschriften jedoch keine Handhabe, da sie keine irgendwie geartete Verhinderung an Wahrung der Antragsfrist voraussetzen. Bemerkenswert ist, daß die Anerkennung einer Fristhemmung praktisch zu wiedereinsetzungsgleichen Ergebnissen führt [68].

Es ist also allseits anerkannt, daß ein Bedürfnis danach besteht, die Folgen einer schuldlosen Versäumung der Antragsfrist zu beseitigen. Dieser allgemeinen Ansicht ist beizupflichten. Ins Gewicht fallende Bedenken bestehen gegen eine solche Begünstigung des Antragsberechtigten nicht. Die Belange des Beschuldigten werden durch eine Berücksichtigung verspäteter Strafanträge nicht stärker berührt als in sonstigen Fällen nachträglicher Zulassung von Prozeßhandlungen, die gegen ihn gerichtet sind. Eine Schlechterstellung des Beschuldigten darf zudem schon deswegen nicht ausschlaggebend sein, weil die Verfahrensvoraussetzung des Strafantrags nicht dem Schutze des Täters, sondern dem Interesse des Verletzten dienen soll [69].

Es ist nicht recht verständlich, warum die herrschende Lehre bei dieser Interessenlage die §§ 44 ff. nicht zumindest entsprechend anwenden will. Nach der hier vertretenen Auffassung können die §§ 44 ff. bei Versäumung der Strafantragsfrist unmittelbar angewendet werden, da diese Vorschriften auf alle Fristen prozessualen Charakters, zu denen die Strafantragsfrist auch gehört, zutreffen.

Verfahrensrechtlich entstehen keine besonderen Schwierigkeiten. Das Wiedereinsetzungsgesuch kann bei jedem gemäß § 158 II zur

---

[67]) Vgl. dazu: LK VII 1 zu § 61; Schönke VI 6 zu § 61; Maurach I 747; Peters 154; OLG Bremen NJW 1956, 392 u. a.

[68]) Interessant ist, daß das Bundesamt für Heimatwesen in der Entscheidung BAH 90, 197 (199 f.) bei vergleichbarer Problematik zu § 46 des Unterstützungswohnsitzgesetzes vom 6. 6. 1870 erklärte: „Es läßt sich nicht verkennen, daß hiermit dem Begriff der „unabwendbaren Zufälle", wie er in § 233 ZPO vorgesehen ist, eine gewisse Bedeutung beigemessen worden war". Das Bundesamt erklärte sodann die §§ 233 ZPO für analog anwendbar (a. a. O. 200).

[69]) Vgl. Maurach I 746; Schönke I 3 zu § 61; Schmidt Teil I Nr. 293; Ober-Appellationsgericht Berlin GA 19, 261 (262).

Entgegennahme eines Strafantrags zuständigen Gericht eingereicht werden. Im Interesse einheitlicher Handhabung der Wiedereinsetzung ist es allerdings empfehlenswert, nur die Gerichte mit der Wiedereinsetzung zu befassen, nicht auch die gemäß § 158 II fernerhin zuständigen Handlungsadressaten. Falls dennoch ein Wiedereinsetzungsgesuch oder auch nur ein verspäteter Strafantrag bei der Staatsanwaltschaft oder einer Polizeibehörde angebracht wird, werden diese Behörden den Antragsteller an das Gericht verweisen müssen oder gehalten sein, von sich aus [70]) für eine Weiterleitung des Antrags an ein gemäß § 158 II zuständiges Gericht zu sorgen.

Als zur Entscheidung über das Wiedereinsetzungsgesuch berufen könnte man gemäß § 46 das Gericht betrachten, welches die strafbare Handlung, die Gegenstand des verspäteten Strafantrags ist, aburteilen müßte. Welches Gericht das ist, läßt sich vor Erhebung der öffentlichen Klage oder der Privatklage jedoch nicht immer genau feststellen, da mehrere Gerichtsstände begründet sein können und bei einer Offizialklage die Staatsanwaltschaft gemäß den §§ 24, 25 GVG eine gewisse Auswahlbefugnis unter mehreren Gerichten hat. Aus diesen Gründen empfiehlt es sich, dasjenige Gericht über die Wiedereinsetzung entscheiden zu lassen, bei dem der verspätete Strafantrag sich zur Zeit der Einreichung des Wiedereinsetzungsgesuches befindet [71]).

Eine Wiedereinsetzung bei Versäumung der Strafantragsfrist des § 61 StGB ist mithin sowohl interessemäßig als auch verfahrensrechtlich möglich.

B. Der Begriff der Versäumung einer Frist.

Die Wiedereinsetzung in den vorigen Stand dient dazu, die Versäumung einer Frist (oder eines Termins) zu heilen. Ein Wiedereinsetzungsantrag hat also nur dann Aussicht auf Erfolg, wenn ein Fall der Säumnis behauptet werden kann. „Versäumnis" einer Frist ist der „kontradiktorische Gegensatz" [1]) zur „Einhaltung" einer Frist.

Unstreitig gehört zum Begriff der Einhaltung einer Frist, daß die fristgebundene Prozeßhandlung innerhalb der Frist gegenüber dem zuständigen Gericht oder der zuständigen staatsanwaltschaftlichen Behörde, und zwar gegenüber dem verwaltungsrechtlich zuständigen Beamten des zuständigen Gerichts oder der zuständigen Behörde vorgenommen worden ist [2]). Wie ist es aber, wenn innerhalb der Frist gegenüber der zuständigen Stelle formunrichtig gehan-

---

[70]) Das dürfte ein „nobile officium" sowohl der Polizei als auch der Staatsanwaltschaft sein.

[71]) Vgl. schon oben Seite 31 Anmerkung 62).

[1]) So: Sarstedt JR 1955, 29.

[2]) Schmidt 6 vor § 42; Schwarz 1A zu § 42.

delt worden ist? Ist die Frist dann auch „eingehalten"? Der Förderung und Klärung dieses so wenig beachteten Problems gelten die folgenden Ausführungen.

Die Ansichten in Rechtsprechung und Literatur sind geteilt.

Nach überwiegender Meinung ist eine Frist nur dann gewahrt, wenn innerhalb der Frist formrichtig gehandelt worden ist [3]). Diese Auffassung bezeichnet man am besten als „extensive Versäumnistheorie".

Eine Mindermeinung lehrt, daß eine Frist auch dann gewahrt sei, wenn die fristgebundene Prozeßhandlung formunrichtig vorgenommen worden sei [4]). Dies ist die „restriktive Versäumnistheorie".

Vielfach wird das Problem gar nicht ausdrücklich erwähnt und lediglich festgestellt, daß bei nicht rechtzeitigem Handeln eine Frist versäumt sei [5]).

Vereinzelt wird die Streitfrage angeschnitten, aber nicht entschieden [6]).

Soweit der derzeitige Stand der Meinungen. Es verdient festgehalten zu werden, daß unter den Schriftstellern, die die restriktive Versäumnistheorie vertreten, sich ausschließlich Straf- bzw. Strafprozeßrechtler befinden.

Man sollte meinen, daß eine so wichtige Frage, wie sie hier zur Diskussion steht, in den Jahrzehnten, die die Wiedereinsetzungsvorschriften bisher erlebt haben, gründlich erörtert worden ist. Solche Erwartung wird enttäuscht werden. Eine gründliche Darstellung fehlt. Eingehender behandeln das Thema beiläufig im Schrifttum nur Strauß, Rosenberg, Löwenstein und neuerdings Sar-

---

[3]) **Rechtsprechung:** RG: Recht 1903 Nr. 1015; JW 1884, 75; RMG: 4, 296 (299 f.); 5, 225 (226 f.); RFH: 10, 151 (152), 243 (244); 20, 95 (97), 134 (136); 26, 266 (267); RErbhG: JW 1935, 1165 Nr. 11; BVerwG MDR 1954, 566 f.; KG: KGJ 25 A 8 Nr. 3 (A 9); OLG Rspr. 5, 440; LG: Berlin MDR 1954, 552; Koblenz NJW/RzW 1949/50, 384; Limburg ZZP 23, 326 (327); VG Brit. Sekt. Berlin DV 1948/49, 304.

Literatur: Baumbach-Lauterbach 1 vor § 230; Binding 183; Buder 34; Driessen 78; Keidel 2d zu § 22; Löwenstein JW 1926, 1239 zu Nr. 9; Mat. ZPO-Novelle 133, 569; Meyer-Zöller Anmerkung zu § 230; Nikisch 245; Petersen 2 zu § 238; Planck 590; Rosenberg JZ 1953, 310; Sarstedt JR 1955, 29 f. und 233.

[4]) **Rechtsprechung:** RG JW 1909, 330 Nr. 62; OG NJ 1953, 145; OLG: Celle GA 1954, 347 (348); Hamm MDR 1955, 247; BayrObLG JW 1926, 1239 Nr. 9; anscheinend auch: BGHZ 4, 389 (396); zweifelhaft: OLG Hamburg JR 1955, 233.

Literatur: Löwe-Rosenberg 6 zu § 44; Schwarz 1B zu § 44; Erbs III zu § 44; Dalcke 1 zu § 44; Strauß GS 108, 41 (42, 49); Klefisch JW 1930, 665 Nr. 37; Dietz-Hülle 1 zu § 70.

[5]) Vgl. KMR 4 vor § 42; Stein-Jonas-Schönke II zu § 230; Koch 1 zu § 44; v. Kries 457; Stenglein 60; Rosenfeld 232; Glaser 255.

[6]) So von RG GA 69, 83 f.

stedt [7]). In der Rechtsprechung hat sich lediglich das Oberlandesgericht Hamburg [8]) um eine ausführlichere Lösung bemüht.

Allenfalls wäre noch das Reichsmilitärgericht [9]) zu nennen. Alle übrigen, bei denen das Problem erwähnt wird, beschränken sich im wesentlichen darauf, den einen oder anderen Standpunkt ohne nähere Begründung einzunehmen.

Die geringe wissenschaftliche Durchdringung des Stoffes dürfte darauf beruhen, daß unser Thema als Streitfrage vielfach nicht erkannt wird. Man lese, um einige Beispiele zu nennen, bei Klefisch [10]) nach, mit welcher Selbstverständlichkeit er vom Standpunkt der restriktiven Theorie ausgeht. Gegenteilige Stimmen scheinen ihm unbekannt zu sein. Auf der anderen Seite höre man das Kammergericht [11]) aussprechen, „natürlich" sei eine Frist bei rechtzeitiger aber formunrichtiger Rechtsmitteleinlegung nicht gewahrt. Wenn man schließlich umgekehrt von Löwenstein [12]) vernimmt, die restriktive Theorie entspreche „ständiger Rechtsprechung", dann darf mit einigem Recht eher von einer Parallelität gegensätzlicher Meinungen als von einem eigentlichen Streit der Meinungen gesprochen werden.

Was Löwenstein im übrigen zu der Bemerkung veranlaßt hat, ist nicht ersichtlich. Lediglich eine und noch nicht einmal eindeutige Entscheidung des Reichsgerichts aus dem Jahre 1933 [13]) legt die Vermutung nahe, daß zumindest dieser Senat bis dahin in mehreren Erkenntnissen von der restriktiven Versäumnistheorie ausgegangen ist [14]). Im übrigen aber bieten sich für Löwensteins Behauptung keine Anhaltspunkte. Im Gegenteil! Wenn etwas „ständiger" Rechtsübung entspricht, dann ist es die extensive Versäumnistheorie.

Es gibt eine größere Anzahl von Entscheidungen aus den verschiedensten Rechtsgebieten, denen ersichtlich die extensive Versäumnistheorie zugrunde liegt [15]).

---

[7]) Strauß GS 108, 41 (42, 49); Rosenberg JZ 1953, 310; Löwenstein JW 1926, 1239 zu Nr. 9; Sarstedt JZ 1953, 29 f.

[8]) OLG Hamburg JZ 1953, 308 ff.

[9]) RMG. 4, 296 (299 f.).

[10]) Klefisch JW 1930, 665 zu Nr. 37.

[11]) KGJ 25, A 8 Nr. 3 (A 9, 11).

[12]) Löwenstein JW 1926, 1239 zu Nr. 9.

[13]) RGStr. 67, 197 (199).

[14]) Für das Zivilrecht vgl. aber: RG JW 1909, 330 Nr. 62 (siehe oben Seite 35 Anmerkung 4)).

[15]) Diese Entscheidungen seien im folgenden zusammengestellt, da sie offenbar nicht bekannt sind. Eine Fristversäumnis wurde bei fristgerechtem Handeln angenommen, weil:

die Partei unzulässigerweise die Handlung selbst vorgenommen hatte:

RG LZ 1920, 249 (250); RErbhG JW 1935, 1165 Nr. 11; OLG Hamburg Alsb. E. I, 124 Nr. 138; LAG Bremen RdA 1949, 230,

Die Vertreter der restriktiven Versäumnistheorie tragen zur Begründung ihrer Auffassung vor:

Der Gesetzgeber habe bei Schaffung der Wiedereinsetzungsvorschriften offenbar nur an eine Unterlassung der fristgebundenen Prozeßhandlung, nicht aber an ihre fristgerechte aber formunrichtige Vornahme gedacht. Es könne sehr wohl ein Unterschied zwischen einem Nichthandeln und einem Nichtrichtighandeln gemacht werden, also unterschieden werden zwischen der Unterlassung einer Handlung und der Unterlassung „beim" Handeln [16]), zwischen dem „ob" und dem „wie" eines Handelns [17]). Wer eine fristgebundene Prozeßhandlung formunrichtig innerhalb der Frist vornehme, habe keine Frist versäumt, sondern nur die Form nicht gewahrt. Halte man an dieser Unterscheidung nicht fest, so verwische man jede Grenze zwischen Frist und Form, von der das Gesetz aber ersichtlich bei den Rechtsmittelvorschriften ausgehe [18]). Die restriktive Theorie bedürfe im übrigen, so meint Strauß [19]), zu ihrer Rechtfertigung nur des Hinweises, der Gerechtigkeit durch klare und zügige Verfahrensgliederung zu dienen. Auch „de lege ferenda" bestehe kein Bedürfnis nach erweiternder Auslegung des § 44 und seiner Anwendung auf Fälle fristgerechten aber formunrichtigen Handelns. Eine Ver-

---

die Prozeßhandlung inhaltlich unvollständig war:
RG DR 1940, 1437; RGZ 164, 52 (53, 57); RAG. 23, 33 ff.; KG JW 1934, 1980 Nr. 1; BayrObLG JR 1955, 28 f.; OLG: Dresden JW 1930, 1105 Nr. 51; Nürnberg JW 1925, 1147 Nr. 26; Stettin LZ 1924, 342 f.,
der fristwahrende Schriftsatz unzulässigerweise nicht oder mangelhaft durch einen Rechtsanwalt unterzeichnet war:
RG: JW 1914, 98 ff.; 1927, 2132 Nr. 31; 1934, 172 Nr. 21; LZ 1920, 958; Warn. 1933 Nr. 201; GA 66, 87; RAG. 1, 70 (72); 27, 40 (41 ff.); auch: 11, 219 (222); RErbhG: JW 1935, 295 f. Nr. 1, 613 f. Nr. 20, 2065 (2066) Nr. 37; KG ZStrW 43, 474 (475); BayrObLG JW 1930, 3429 f.; OLG: Dresden JW 1928, 835 Nr. 21; München OLG Rspr. 33, 55; HRR 1930, Nr. 2019; JW 1935, 3059 Nr. 38; Schleswig Holstein NJW 1949, 313 Nr. 14; LG: Berlin JW 1925, 2161 f.; JW 1933, 561 Nr. 3; LAG Elbing LAG. 1, 251 (252),
der Anwalt oder sonstige Vertreter nicht postulationsfähig war:
RAG. 18, 63 (63, 65); LAG Hamm AP 1951 Nr. 252,
der fristwahrende Schriftsatz nicht in deutscher Sprache abgefaßt war:
RMG DJZ 1916, 344,
das Rechtsmittelprotokoll nicht den gesetzlichen Vorschriften entsprach:
RG JW 1933, 1417 Nr. 40; BGH NJW 1952, 1386 Nr. 23; OLG Braunschweig GA 70, 152 f.,
dem Anwalt die Vollmacht fehlte:
OLG Celle HRR Strafs. 3, 111 (vgl. auch: Arndt GS 98, 133 (137)),
ein Urheber der Erklärung nicht ersichtlich war:
RG DStrR. 1934, 108 f.,
das Rechtsmittel mündlich nach Schluß der Sitzung eingelegt worden war:
RMG. 13, 213 (214); BayrObLG HRR 1934 Nr. 1423.

[16]) Vgl. dazu: OLG Hamburg JZ 1953, 308 (309 l. Sp.).
[17]) Strauß GS 108, 41 (49).
[18]) Vgl. OLG Hamburg JZ 1953, 308 (309).
[19]) Strauß GS 108, 41 (42).

letzung der Formvorschriften sei immer nur „denkbar" bei Vernachlässigung der im Rechtsverkehr erforderlichen Erkundigungspflicht [20]).

Der Wortlaut des Gesetzes scheint für die restriktive Theorie zu sprechen, da in § 44 nur die Versäumung einer „Frist" erwähnt ist, und das Gesetz im allgemeinen einen scharfen Unterschied zwischen Formen und Fristen macht. Insbesondere den §§ 319 I und 346 I liegt diese Unterscheidung zugrunde. Aber der Satz, die Versäumung einer Frist könne nicht identisch sein mit der Versäumung einer Form [21]), klingt nur bestechend, ist es aber nicht. Diese Argumentation lautet anders ausgedrückt so: die Aussage „Versäumung einer Frist" ist mit der weiteren Aussage „Versäumung einer Form" nur teilweise, insoweit es sich um den Begriff „Versäumnis" handelt, identisch. Im übrigen fehlt aber sowohl sprachlich als begrifflich eine Identität, so daß beide Aussagen im ganzen nicht identisch sein können.

Diese Beweisführung ist mangelhaft, weil die Vertreter der restriktiven Theorie es verabsäumt haben, zu untersuchen, ob nicht die Außerachtlassung einer Form zugleich zu einer Fristversäumnis führen kann. Mit dem blossen Hinweis auf den — unstreitig vorhandenen — sachlichen Unterschied zwischen einem Handeln nach Fristablauf und einem formunrichtigen Handeln innerhalb der Frist ist nichts gewonnen. Rechtswissenschaft ist Wertwissenschaft. Tatsächlich Verschiedenes braucht nicht notwendig eine verschiedene rechtliche Wirkung zu haben.

Strauß' Erwägung, daß eine Verletzung von Formvorschriften immer nur „denkbar" sei bei Vernachlässigung der im Rechtsverkehr erforderlichen Erkundigungspflicht, ist so offenbar falsch, daß sich nähere Ausführungen erübrigen.

Die Anhänger der extensiven Versäumnistheorie stützen ihre Lehre auf folgende Überlegungen: eine formunrichtige Prozeßhandlung sei „als nicht geschehen" [22]) und rechtlich „ohne jede Wirkung" [23]) zu bezeichnen. Somit bestehe auch „keinerlei Unterschied" zwischen einem Nichthandeln und Nichtrichtighandeln [24]). Das Nichtrichtighandeln sei dem völligen Untätigbleiben zumindest rechtlich gleichzuachten [25]). Die Rechtsfolge sei in beiden Fällen dieselbe: prozessuale Unbeachtlichkeit, und sie trete in beiden Fällen — wegen der Möglichkeit der Nachbesserung — erst mit Fristablauf ein [26]). Aus alledem gehe hervor, daß nicht die tatsächliche, sondern

---

[20]) Strauß GS 108, 41 (49).

[21]) So: Löwe-Rosenberg 6 zu § 44; Schwarz 1B zu § 44; Erbs III zu § 44; Dalcke 1 zu § 44.

[22]) RG Recht 1903 Nr. 1015.

[23]) BayrObLG JW 1926, 1239 Nr. 9.

[24]) Rosenberg JZ 1953, 310.

[25]) Löwenstein JW 1926, 1239 zu Nr. 9.

[26]) Sarstedt JR 1955, 29.

nur die rechtswirksame Vornahme einer fristgebundenen Prozeßhandlung die Frist wahre [27]). Zudem, wenn das Gesetz die Vornahme einer Prozeßhandlung innerhalb einer Frist vorschreibe, dann sei nicht irgendeine Tätigkeit, sondern eine rechtsgültige angeordnet [28]). Es sei auch nicht einzusehen, warum derjenige, der überhaupt nicht handele, besser dastehen solle als derjenige, der handele, dem beim Handeln aber ein Fehler unterlaufe [29]).

Die These, eine formunrichtige Prozeßhandlung sei ein rechtliches „nullum", ist unhaltbar. Immerhin muß doch das Gericht auf die formunrichtige Prozeßhandlung hin tätig werden und sie als unzulässig zurückweisen [30]). Ein rechtliches Nichts kann sie also nicht sein. Die übrigen Erwägungen der herrschenden Lehre sind im Kerne nicht unrichtig. Doch vermißt man eindringendere Betrachtung, hätte man genauere Analysen verschiedener Gesetzesstellen, die sich zur Beweisführung, wie zu zeigen sein wird, geradezu anbieten, lieber gesehen als letzter Überzeugungskraft entbehrende Bemerkungen allgemeiner Art.

Besondere Hervorhebung verdienen die — bei näherer Untersuchung allerdings auch unergiebigen — Überlegungen des Oberlandesgerichtes Hamburg [31]). Dieses Gericht meint, daß, wenn die erste eingereichte Begründungsschrift formunrichtig sei, eine Nachbesserung innerhalb der laufenden Frist in Betracht komme. Werde diese Nachbesserung verspätet vorgenommen, sei in Ansehung „ihrer" die Frist versäumt und in Ansehung „ihrer" Wiedereinsetzung möglich. Das Oberlandesgericht Hamburg meint, die Problematik sei hier dieselbe wie bei der Frage einer Wiedereinsetzung für nachgeholte einzelne Verfahrensrügen.

Aber schon dieser Vergleich ist wenig sachgemäß. Das Problem einer Wiedereinsetzung bei nachgeholten einzelnen Verfahrensrügen liegt gerade darin, daß in diesen Fällen innerhalb der Frist eine fristwahrende Handlung vorgenommen worden ist. Das Oberlandesgericht Hamburg demhingegen hatte gerade darüber zu befinden, ob die zunächst eingereichte, formunrichtige Begründungsschrift fristwahrend gewirkt hatte. Die Stellungnahme des Gerichts hierzu entbehrt der wünschbaren Klarheit. Es bekämpft Rosenbergs Auffassung, daß die Frist bei formfehlerhaftem Handeln „genau so" versäumt sei wie bei gänzlicher Nichtausnutzung der Frist, mit dem Bemerken, das könne nicht richtig sein, da eine formfehlerhafte Prozeßhandlung

---

[27]) RMG. 4, 296 (299 f.); BVerwG MDR 1954, 566 f.

[28]) RGStr. 67, 197 (199); RG JW 1933, 1417 Nr. 40; BayrObLG JW 1926, 1239 Nr. 9; Sarstedt JR 1955, 29; Löwenstein JW 1926, 1239 zu Nr. 9.

[29]) Stein-Jonas-Schönke V 1 zu § 554 Fußnote 34; Löwenstein JW 1926, 1239 zu Nr. 9; Rosenberg JZ 1953, 310.

[30]) Richtig: OLG Hamburg JZ 1953, 308 (309 r. Sp. oben).

[31]) OLG Hamburg JZ 1953, 308 (309).

nicht ohne Wirkung sei. Damit soll wohl gesagt sein, daß bei formunrichtigem Handeln eine Frist „nicht genau so" versäumt sei wie bei völligem Untätigbleiben. Verschiedene Grade der Säumnis sind dem Gesetz jedoch unbekannt. Eine Frist ist entweder versäumt oder eingehalten.

Ungeachtet seiner Ausdrucksweise scheint aber auch das Oberlandesgericht Hamburg der Meinung zu sein, daß formfehlerhaftes Tätigwerden eine Frist nicht wahrt. Im Anschluß an seine soeben erwähnten Ausführungen bemerkt das Gericht [32]) zusammenfassend: „Es zeigt sich also in allen Fällen, in denen eine Nachholung der Prozeßhandlung überhaupt noch möglich ist, daß die Nichteinhaltung der Frist auf dem Unterbleiben der Nachholung beruht" [33]). Hier spricht das Gericht ohne Einschränkung von einer Nichteinhaltung der Frist, also der Frist insgesamt, was nicht gut möglich wäre, hielte es die formunrichtige Prozeßhandlung für irgendwie fristwahrend. Warum das Oberlandesgericht Hamburg von diesem Standpunkt aus noch eine Parallele zu dem Fall der Wiedereinsetzung bei nachgeholten einzelnen Verfahrensrügen zieht, ist nicht recht verständlich, lehrt es doch im Grunde nichts anderes, als daß formunrichtiges Handeln nicht fristwahrend wirke. Die eingehenden Erörterungen des Gerichts bieten also nur scheinbar Neuartiges.

Den Vertretern beider Theorien kann der Vorwurf nicht erspart werden, ihr Bemühungen im Allgemeinen gehalten und das Nächstliegende, das Gesetz nach Anhaltspunkten für ihre Meinung zu durchforschen, außerachtgelassen zu haben. Diese Versäumnis sei hier nachgeholt.

Das Gesetz definiert nicht, wann eine Frist „gewahrt" ist. Schon die Terminologie für den „kontradiktorischen Gegensatz" des Begriffes der Versäumnis ist uneinheitlich. Nach der Ausdrucksweise des Gesetzes ist eine Frist nicht versäumt, wenn sie „eingehalten" (§ 44 Satz 1), „wahrgenommen" (§ 45 I) oder wenn „rechtzeitig gehandelt" (§ 46 I) worden ist. Einhaltung und Wahrnehmung einer Frist sowie Rechtzeitigkeit des Handelns lassen, das ist dem Gesetz mit Sicherheit zu entnehmen, eine Fristversäumnis nicht eintreten.

Der Begriff der „Rechtzeitigkeit" findet sich nicht nur in den Wiedereinsetzungsvorschriften, sondern ebenso in den Bestimmungen über die Berufung und Revision. In den §§ 315 II, 316, 320, 342 II und 343 liest man von „rechtzeitiger" Anbringung eines Rechtsmittels. Rechtzeitig eingelegt im Sinne dieser Vorschriften sind Berufung und Revision schon dann, wenn sie formunrichtig innerhalb der Frist angebracht worden sind. Das beweisen eindeutig die §§ 319 I und 346 I. In diesen Bestimmungen wird klar zwischen

---

[32]) OLG Hamburg JZ 1953, 308 (309 r. Sp.).

[33]) Gesperrt von mir.

nicht rechtzeitiger und nicht formgerechter Einlegung unterschieden [34]). Auch für die Hemmung der Rechtskraft gemäß § 316 und § 343 genügt nach verbreiteter Ansicht fristgerechte Rechtsmitteleinlegung ohne Rücksicht auf die Formgemäßheit [35]). Schließlich sei noch auf § 347 verwiesen, in dem es heißt: „. . sind die Revisionsanträge rechtzeitig und in der vorgeschriebenen Form angebracht . .". Rechtzeitig gehandelt im Sinne der Berufungs- und Revisionsvorschriften ist also schon dann, wenn innerhalb der Frist formunrichtig gehandelt worden ist [36]).

Nun gehen aber auch die Wiedereinsetzungsvorschriften, wie § 46 I („. . bei rechtzeitiger Handlung") deutlich zeigt, davon aus, daß bei „rechtzeitigem" Handeln die Frist gewahrt, also nicht versäumt ist. Wäre der Begriff der Rechtzeitigkeit in § 46 I derselbe wie etwa in den §§ 319, 346 und 347, dann stünde fest, daß eine Frist bei fristgerechtem aber formunrichtigem Handeln nicht versäumt ist. Aber das Gesetz kennt keinen solch einheitlichen Begriff der Rechtzeitigkeit, wie die folgenden Überlegungen beweisen.

§ 45 II bestimmt, daß mit dem Gesuch um Wiedereinsetzung die „versäumte Handlung" selbst nachzuholen ist. „Versäumte Handlung" im Sinne des § 45 II kann nur die Handlung sein, deren nicht fristgerechte Vornahme zur Versäumung der Frist geführt hat. Die versäumte und die nachgeholte Handlung müssen demnach identisch sein [37]). Es besteht nun Einmütigkeit darüber, daß die versäumte Handlung bei der Nachholung vollwirksam, also auch formgerecht vollzogen werden muß [38]). Wenn aber die versäumte und die nachzuholende Prozeßhandlung identisch sein müssen, dann geht das Gesetz offenbar davon aus, daß innerhalb der Frist vollwirksam hätte gehandelt werden müssen. Es sieht also in der Unterlassung einer fristgerechten formrichtigen Handlung eine Fristversäumnis.

Diese Erkenntnis bestätigt überzeugend § 46 I. In dieser Vorschrift heißt es, daß über den Wiedereinsetzungsantrag das Gericht befinden müsse, das bei „rechtzeitiger Handlung zur Entscheidung in der Sache selbst" berufen gewesen wäre. Der Begriff „Entscheidung in der Sache selbst" bedeutet: Entscheidung über die materielle Be-

---

[34]) Vgl. z. B.: Erbs I zu § 319; Feisenberger 1 zu § 319; Schwarz 1A zu § 346.

[35]) Siehe: KMR 3a zu § 316; Schwarz 1 A in Verbindung mit 1 B zu § 346; Erbs V zu § 316 in Verbindung mit I zu § 319; vgl. auch: RGStr. 52, 76 (77) und RGStr. 62, 250 (251 Mitte): aus diesen Entscheidungen ist zu entnehmen, daß zumindest h i e r auch das Reichsgericht den Begriff der Rechtzeitigkeit in den §§ 316, 343 rein zeitlich auslegt.

[36]) RMG. 4, 296 (299 f.) beruft sich für die extensive Versäumnistheorie also wohl zu Unrecht auf die Rechtsmittelvorschriften.

[37]) Richtig: OLG Königsberg HRR Strafs. 3, 206 und OLG Köln HRR Strafs. 1, 20.

[38]) Vgl. Schmidt 11 zu § 45; KMR 1b zu § 45.

gründetheit des Rechtsmittels oder Rechtsbehelfs (vgl. die §§ 328 I, 354 I, 373 I, und § 565 III ZPO). Der Gegensatz zur Entscheidung in der Sache selbst ist die Entscheidung über die Zulässigkeitsvoraussetzungen. Indem nun § 46 I von dem Gericht spricht, „das bei rechtzeitiger Handlung zur Entscheidung in der Sache selbst berufen gewesen wäre", setzt diese Vorschrift voraus, daß bei „rechtzeitiger Handlung" eine Entscheidung in der Sache selbst möglich gewesen wäre. Bei formunrichtiger fristgerechter Handlung wäre aber kein Gericht zur Entscheidung in der Sache selbst berufen gewesen, da kein Gericht zu einer Sachentscheidung wegen der infolge des Formmangels vorhandenen prozessualen Unbeachtlichkeit des Rechtsmittels oder Rechtsbehelfs hätte schreiten können. Unter „rechtzeitiger Handlung" im Sinne des § 46 muß deswegen im Gegensatz etwa zu den §§ 316, 343 oder 319 I, 346 I eine wirksame, also auch formrichtige rechtzeitige verstanden werden. Für diese Auslegung des Begriffs der Rechtzeitigkeit im Wiedereinsetzungsrecht sei auch noch auf den der Wiedereinsetzungsvorschrift des § 455 I StPO a. F. unmittelbar folgenden § 456 I StPO a. F. verwiesen, in dem geschrieben stand: „Ist der Antrag rechtzeitig angebracht, so wird zur Hauptverhandlung vor dem Schöffengericht geschritten . .". Eine Hauptverhandlung konnte nach allgemeinen prozessualen Regeln aber nur auf Grund eines vollwirksamen, das heißt fristgerechten u n d auch formgerechten Antrags auf gerichtliche Entscheidung stattfinden. Ein „rechtzeitiger Antrag" im Sinne des § 456 I StPO a. F. mußte somit Fristgemäßheit und Formgerechtigkeit miteinander vereinen.

Der Ergänzung dieser Beweisführung mag schließlich § 44 Satz 2 in Verbindung mit § 35 a dienen. In § 44 Satz 2 heißt es, daß als unabwendbarer Zufall anzusehen sei, wenn die nach § 35 a (auch § 319 II Satz 3 und § 346 II Satz 3) vorgeschriebene Belehrung unterblieben sei. § 35 a schreibt eine Belehrung über Frist u n d Form eines befristeten Rechtsmittels vor. Wenn lediglich ein ungenutztes Verstreichenlassen der Frist eine Fristversäumnis im Sinne des § 44 wäre, dann hätte es genügt, die unterbliebene Belehrung über die F r i s t eines Rechtsmittels zum prinzipiellen Wiedereinsetzungsgrund zu erheben, da eine unterlassene oder falsche Belehrung über die F o r m eines Rechtsmittels für eine Fristversäumnis nicht ursächlich werden könnte. § 44 Satz 2 liegt also auch wohl der Gedanke zugrunde, daß eine Frist sowohl durch Nichtausnutzung als auch durch formunrichtige Ausnutzung versäumt werden kann.

Für diese Meinung sprechen entschieden auch Sinn und Zweck des § 44. Die Beachtung der vorgeschriebenen Fristen und Formen ist Voraussetzung der prozessualen Beachtlichkeit von Rechtsmitteln oder Rechtsbehelfen. Alle Zulässigkeitsvoraussetzungen sind aber insofern rechtlich gleichwertig, als eine jede „conditio sine qua non" einer Sachentscheidung ist. Insoweit sind Nichthandeln und Nichtrichtighandeln rechtlich gleichzuachten. Man könnte hier von einer prozessualen Gleichwertigkeit sprechen. In Hinblick auf diese prozessuale Gleichwertigkeit ist es auch angemessen, Wiedereinsetzung gleicherweise bei verspätetem wie bei fristgerechtem formunrichtigem Handeln zu gewähren.

C. Wiedereinsetzung in den vorigen Stand bei Versäumung einzelner Revisionsangriffe?

Zu den praktisch bedeutsamen und heute noch stark umkämpften Streitfragen des Wiedereinsetzungsrechtes gehört das Problem einer Wiedereinsetzung bei Versäumung einzelner Revisionsangriffe [1]). Die einschlägige Rechtsprechung der Revisionsgerichte ist in sich uneinheitlich. Auch in der Literatur sind die Meinungen geteilt, wobei jedoch zu bemerken ist, daß nur wenige Schriftsteller, unter denen Schneidewin [2]), Goedel [3]), Mannheim [4]), Gage-Sarstedt [5]) und Kohlhaas [6]) vor allem zu nennen sind, der Frage ausführlichere Beachtung schenken.

Das Problem ist ein doppeltes, insofern zwischen einer Wiedereinsetzung bei verspäteten einzelnen Verfahrensrügen und einer Wiedereinsetzung bei verspäteten einzelnen Sachrügen scharf unterschieden werden muß [7]).

I. Die Nachholung einzelner Sachrügen.

Hier ist zu unterscheiden: eine Wiedereinsetzung bezüglich einzelner verspäteter Sachrügen wird allgemein abgelehnt, wenn innerhalb der Frist bereits eine allgemeine oder einzelne Sachrüge erhoben war [8]). Der Bundesgerichtshof hat in der Entscheidung BGHStr. 1, 44 (46) dazu ausgeführt, daß für eine Wiedereinsetzung „von vorneherein" der Anlaß fehle, da schon die allgemeine Sachrüge zur Nachprüfung des Urteils im gesamten Umfange führe [9]).

---

[1]) Der Ausdruck „Wiedereinsetzung zur Nachholung einzelner Revisionsangriffe", den man des öfteren findet (vgl. z. B.: OLG Rostock HRR Strafs. 2, 199; Sydow-Busch 5 zu § 233 u. a.) ist nicht ganz korrekt, da, bevor wiedereingesetzt werden kann, die Rüge schon nachgeholt worden sein muß.

[2]) Schneidewin 320 und NJW 1952, 683 r. Sp.

[3]) Goedel JW 1938, 496 f.

[4]) Mannheim JW 1928, 2718 zu Nr. 17.

[5]) Gage-Sarstedt 60 und Fußnote 340 daselbst.

[6]) Kohlhaas NJW 1955, 742.

[7]) Eine saubere Trennung vermißt man bei Kirchner Spr. Ger. 1949, 68 (72).

[8]) Vgl. BGHStr. 1, 44 (46); Jagusch LM § 44 StPO zu Nr. 1; G. und D. Reinicke NJW 1951, 681 (685 r. Sp.).

[9]) Zustimmend die oben in Anmerkung 8) auf dieser Seite Genannten.

Diese Auffassung ist zutreffend. Der Angeklagte, der rechtzeitig die allgemeine oder auch eine einzelne Sachrüge erhoben hat, hat damit den Anforderungen des § 344 II Genüge getan und zwingt das Revisionsgericht dazu, das ganze Urteil auf materiellrechtliche Mängel hin zu überprüfen [10]), es sei denn, es handelt sich um eine Teilanfechtung. Er erleidet also keinen Nachteil, wenn er versäumt hat, eine weitere einzelne Rüge der Verletzung sachlichen Rechts besonders auszuführen [11]). Ein Nachteil, und zwar ein Rechtsnachteil [12]), der beseitigt werden soll, ist jedoch Voraussetzung einer jeden Wiedereinsetzung [13]). Darüber besteht kein Streit. Schon aus diesem Grunde kann Wiedereinsetzung für die verspätete Sachrüge nicht erlangt werden, wenn innerhalb der Revisionsbegründungsfrist eine den Gegenstand der nachträglichen Rüge umfassende Sachbeschwerde erhoben worden ist. Zudem ist in einem solchen Falle der Angeklagte nicht gehindert, eine Ergänzung der fristgerechten Sachrüge auch noch nach Fristablauf vorzunehmen [14]).

Problematisch ist die Behandlung einer verspätet vorgetragenen einzelnen Sachrüge aber dann, wenn innerhalb der Frist nur eine Verfahrens- oder die nachgebrachte nicht umfassende Sachbeschwerde eingereicht worden ist. Hier hängt die Überprüfung des Urteils auf die nachträglich gerügten sachlichrechtlichen Mängel von der Zulassung der verspäteten Beschwerde ab. Die Lage gleicht also derjenigen bei verspäteter Geltendmachung einzelner Verfahrensrügen, kann also in Zusammenhang mit dieser erörtert werden.

II. Die Nachholung einzelner Verfahrensrügen.

Rechtsprechung und Literatur lehnen es überwiegend ab, bei Versäumung einzelner Verfahrensrügen Wiedereinsetzung zu erteilen, und bedienen sich zur Begründung ihrer Ansicht der verschiedensten Argumente [15]). Im allgemeinen wird vorgetragen, daß Wiedereinset-

---

[10]) Vgl. Peters 525.

[11]) Gage-Sarstedt 197 f. berichten zwar, daß die Revisionsgerichte dazu neigen, eine unbegründete, nur mit der allgemeinen Sachrüge ausgestattete Revision als „offensichtlich unbegründet" zu verwerfen. Der Angeklagte wird dadurch aber nicht benachteiligt, allenfalls das Ansehen seines Verteidigers geschmälert.

[12]) In § 43 I Patent Gesetz heißt es ausdrücklich: „Rechtsnachteil", ebenso in § 9 der Zweiten DVO zum RLG.

[13]) Siehe: RGStr. 53, 286 (288); OLG Dresden Alsb. E. I, 105 (106); Stein-Jonas-Schönke I zu § 233; Boehm JR 1925, 664 (665 f.).

[14]) Siehe: Gage-Sarstedt 59..

[15]) **Rechtsprechung:** RGStr. 24, 250 ff.; RGZ 104, 402 (405); 121, 5 (6); RG: Recht 1909 Nr. 3501; 1914 Nr. 718; 1922 Nr. 1743; JW 1928, 2718 Nr. 17; JW 1935, 1636 Nr. 16a; RMG. 3, 172 (173); BVerwG MDR 1954, 566 (567); KG Alsb. E. I, 109 (110); OLG Rostock HRR Strafs. 1926, 199.

Literatur: Löwe-Rosenberg 5 vor § 42; 6 zu § 44; Schmidt 12 vor §42; KMR 1 d zu §44; Schwarz 1 B zu § 44; 6 zu § 45; Feisenberger 6 zu § 44; Daude 84 zu § 44; Koch 2 zu § 44; Löwenstein 35; Sydow-Busch 5 zu § 233.

zung nur erteilt werden könne, wenn eine „Frist versäumt" worden sei. Eine Frist sei in solchen Fällen aber nicht versäumt worden [16]). Versäumt worden sei nur die „Vornahme einer einzelnen Prozeßhandlung" [17]), die „Gelegenheit" zur vollständigen Revisionsbegründung [18]). Kleinknecht-Müller-Reitberger meinen [19]), es handele sich um eine zur Wiedereinsetzung nicht ausreichende „Teilversäumnis".

Hervorstechendes Merkmal dieser insbesondere vom Reichsgericht verwendeten Argumentation ist die Behauptung, eine Wiedereinsetzung scheide mangels Fristversäumnis aus. Allerdings spricht das Reichsgericht in der Entscheidung RGStr. 24, 250 nicht einfach davon, eine Frist sei nicht versäumt worden, sagt vielmehr, eine Frist sei „an sich" nicht versäumt worden [20]). Mannheim [21]) vermutet, der entscheidende Senat habe hier vielleicht gefühlt, daß es ein Problem teilweiser Fristversäumnis gebe. Freilich läßt sich mit dem Begriff des An-Sich-Versäumens einer Frist wenig anfangen, da eine Frist entweder versäumt oder eingehalten ist, aber nicht „an sich" versäumt werden kann. Die Erwägungen, die das Reichsgericht im übrigen über den Unterschied zwischen Versäumung einer Frist und Versäumung einer Prozeßhandlung anstellt, sind wenig überzeugend. Schon in der Entscheidung RGZ 121, 5 (6) ist darauf hingewiesen worden, daß RGStr. 24, 250 [22]) sich für diese Unterscheidung zu Unrecht auf eine angeblich verschiedene Fassung der Zivil- und Strafprozeßordnung beruft. Es ist zwar richtig, daß der frühere § 208 ZPO und jetzige § 230 ZPO von Versäumung einer Prozeßhandlung sprechen. Aber in der für die Wiedereinsetzung entscheidenden Bestimmung des § 233 ZPO findet sich auch nur, ebenso wie in § 44, der Ausdruck Fristversäumnis. Abgesehen davon beruht jede Fristversäumnis auf der Versäumung einer Prozeßhandlung, wie ja auch § 45 II die „versäumte Handlung", die nachgeholt werden muß, erwähnt [23]). Auch der vom Reichsgericht an anderer Stelle [24]) behauptete Gegensatz zwischen Versäumung einer Frist und Versäumung der Gelegenheit zur Vervollständigung der Revisionsbegründung hilft der herrschenden Lehre nicht weiter. Allerdings hat derjenige, der einzelne Verfahrensrügen verspätet vorbringt, die Gelegenheit

---

16) So: RGZ 121, 5 (6); RG JW 1935, 1636 Nr. 16a; Recht 1922, Nr. 1743; 1909 Nr. 3501; RMG. 3, 172 (173); BGH NJW 1951, 572; KG Alsb. E. I, 109 Nr. 117.

17) RGStr. 24, 250; RGZ 121, 5 (6).

18) RG JW 1928, 2718 Nr. 17; BGH NJW 1951, 572; KG Alsb. E. I, 109 (110).

19) KMR 1 d zu § 44.

20) Ebenso: Daude 84 zu § 44.

21) Mannheim JW 1928, 2718 zu Nr. 17.

22) Ebenso wie auch das OLG Dresden Alsb. E. I, 105 Nr. 114.

23) Vgl. auch: RGZ 96, 322 (324); DPA GRUR 1953, 391; OLG Frankfurt NJW/RzW 1949/50, 83; Beling 213.

24) RG JW 1928, 2718 Nr. 17; auch: BGH NJW 1951, 572; KG Alsb. E. I, 109 (110).

versäumt, sie früher vorzubringen. Aber mit dieser Erkenntnis ist für die Frage der Fristversäumnis doch nichts gewonnen.

Der Haupteinwand jedoch, der gegen die herrschende Meinung erhoben werden muß, richtet sich gegen einen ihr eigenen und nicht auflösbaren begrifflichen Widerspruch. Sie lehnt einerseits eine Wiedereinsetzung bei verspätetem Vortrag einzelner Verfahrensrügen ab, weil ein Fall der Fristversäumnis nicht gegeben sei, spricht aber andererseits der nachgeholten Rüge die prozessuale Beachtlichkeit deswegen ab, weil sie verspätet angebracht worden sei. Eine Prozeßhandlung kann jedoch nur v e r s p ä t e t vorgenommen worden sein, wenn für sie eine Frist lief, innerhalb deren sie hätte vollzogen werden müssen. Der Begriff der „Verspätung" ist identisch mit dem Begriff der „Versäumung einer Frist". Die herrschende Lehre erkennt also, indem sie die nachgeholte Rüge als verspätet zurückweist, notwendig an, daß hinsichtlich ihrer eine Frist versäumt worden sein muß. Warum bei dieser Sachlage eine Wiedereinsetzung mit der Begründung abgelehnt wird, eine Frist sei nicht versäumt worden, ist wirklich nicht einzusehen [25]).

Auch der Bundesgerichtshof muß im wesentlichen zu den Vertretern der herrschenden Lehre gerechnet werden, beschreitet in der Begründung seiner Meinung aber teilweise neue Wege.

In der Entscheidung BGHStr. 1, 44 ff. [26]) lehnte der Bundesgerichtshof eine Wiedereinsetzung bei verspätetem Vortrag einzelner Verfahrensrügen für den Fall ab, daß der Angeklagte und sein Verteidiger in der Hauptverhandlung des ersten Rechtszuges anwesend gewesen waren [27]). In dem unveröffentlichten Beschluß 1 StR 22/55 vom 18. 2. 1955 [28]) ist dieselbe Aufassung für den Fall ausgesprochen worden, daß der bisherige Verteidiger eines Mitangeklagten, der in der Hauptverhandlung anwesend gewesen war, mit der Revisionseinlegung betraut worden war. In der zweiten veröffentlichten Entscheidung in NJW 1951, 572, die sich im übrigen stark an die überkommene Rechtsprechung anlehnt [29]), heißt es, „regelmäßig" könne bei verspäteter Einreichung einzelner Verfahrensrügen Wiedereinsetzung nicht erteilt werden. Schließlich hat der Bundesgerichtshof

---

[25]) Wie widersprüchlich die herrschende Meinung hier ist, mögen die für sie typischen Ausführungen Daude's 84 zu § 44 veranschaulichen. Daude schreibt: „Voraussetzung der Wiedereinsetzung ist lediglich die Versäumung einer F r i s t. Es kann also Wiedereinsetzung nicht begehrt werden, wenn zwar an sich die F r i s t zur Einlegung und Begründung des Rechtsmittels gewahrt, die F r i s t zur rechtzeitigen Anbringung einzelner Prozeßbeschwerden aber v e r s ä u m t worden ist" (Sperrung von mir).

[26]) Zustimmend: Jagusch LM § 44 StPO zu Nr. 1; G. und D. Reinicke NJW 1951, 681 (685 r. Sp.); **ablehnend:** Schneidewin NJW 1952, 683 r. Sp.

[27]) Ebenso der bei Kohlhaas NJW 1955, 742 Fußnote 4 erwähnte Beschluß des Bundesgerichtshofes vom 8. 7. 1953 (4 StR 829/52).

[28]) Zitiert bei: Kohlhaas NJW 1955, 742 Fußnote 5.

[29]) Siehe Seite 44 unten II.

in dem unveröffentlichten Beschluß 5 StR 514/54 vom 7. 12. 1954 [30]) entschieden, daß eine Wiedereinsetzung zumindest dann nicht mehr gewährt werden könne, wenn bereits eine Sachentscheidung ergangen sei.

Zur Begründung seiner Auffassung führt BGHStr. 1, 44 ff. aus:

Man sehe sich einem Interessenstreit gegenüber. Auf der einen Seite stehe das Interesse des Angeklagten an möglichst vollständigem Vortrag seiner Beschwerden, auf der anderen Seite das öffentliche Interesse an geordnetem Verfahrensgang und unverzögerter Schaffung einer klaren Verfahrenslage. Bei Abwägung dieser widerstreitenden Interessen sei von Bedeutung, daß ein berechtigtes Empfinden des Angeklagten, durch einen Verfahrensfehler beschwert zu sein, seine Grundlage in den tatsächlich von ihm miterlebten Vorgängen der Hauptverhandlung und nicht in der Fassung des Sitzungsprotokolls habe. Deswegen könne dem Wunsche des Angeklagten, Verfahrensrügen nachzubringen, kein solches Gewicht beigelegt werden, daß die vorerwähnten Prozeßgrundsätze zurücktreten müßten. Ob in besonderen Verfahrenslagen wegen des Grundsatzes der Beweiskraft des Protokolls ausnahmsweise etwas anderes gelten könne, brauche nicht entschieden zu werden.

Augenfälliges Merkmal dieser Ausführungen des Bundesgerichtshofes ist, daß das Problem der Fristversäumnis überhaupt nicht erörtert [31]), vielmehr ausdrücklich und vorwiegend nur eine Interessenabwägung vorgenommen wird.

Methodisch ist dieses Vorgehen nicht glücklich. Eine Interessenabwägung hätte der Bundesgerichtshof erst dann vornehmen dürfen, wenn er vorher die sachlichen Voraussetzungen einer Wiedereinsetzung, zu denen vor allem eine Fristversäumnis gehört, geprüft hätte. Bei einem für den Angeklagten günstigen Ausgang dieser Prüfung hätte es auch einem „Oberen Bundesgericht" nicht zugestanden, ein gesetzliches Recht im Wege der Interessenabwägung zu entziehen.

Davon einmal abgesehen, reichen die Argumente des Bundesgerichtshofes zur Begründung seiner Auffassung auch nicht aus [32]). Die Gedanken, die der Entscheidung zugrunde liegen, sind nur teilweise neu und schon vom Reichsgericht [33]) und Reichsmilitärgericht [34]) verwertet worden. Vom Reichsgericht hat sie der Bundesgerichtshof übernommen und weiterentwickelt.

---

[30]) Zitiert bei: Kohlhaas NJW 1955, 742 Fußnote 6.

[31]) G. und D. Reinicke NJW 1951, 681 (685 r. Sp.) halten das für sehr lobenswert.

[32]) Zutreffend: Schneidewin NJW 1952, 683 r. Sp.

[33]) RGStr. 24, 250 ff.

[34]) RMG. 9, 134 ff.

Das Reichsgericht hatte in der Entscheidung RGStr. 24, 250 ff., auf die sich BGHStr. 1, 44 (46) ausdrücklich bezieht, nur ausgesprochen, daß Unkenntnis der Gerichtsakten nicht als „Hinderungsgrund" bei Anbringung prozessualer Revisionsbeschwerden gelten könne, da Prozeßverstöße, wie sie in dem zur Entscheidung stehendem Falle gerügt würden, „der Regel nach" auf tatsächlichen, von den Prozeßbeteiligten miterlebten Vorgängen der Hauptverhandlung, nicht aber auf der Fassung des Sitzungsprotokolles beruhten und daher den Prozeßbeteiligten bekannt sein müßten, also ohne Einsicht in die Gerichtsakten hätten gerügt werden können. Das Reichsgericht sieht hier das Problem offenbar ausschließlich unter dem Gesichtspunkt der „Verhinderung" an der Geltendmachung von Verfahrensrügen. Beachtenswert ist die sehr zurückhaltende und streng auf den Fall beschränkte Argumentation des Reichsgerichtes.

Die Entscheidung BGHStr. 1, 44 ff. läßt, abgesehen von dem Vorbehalt für besondere Verfahrenslagen, solche Einschränkungen vermissen. Überhaupt erwähnt der Bundesgerichtshof nicht ausdrücklich, daß die Anwesenheit des Angeklagten und seines Verteidigers in der Hauptverhandlung für die Frage einer Verhinderung am rechtzeitigen Vortrag der nachgeholten Verfahrensrüge von Bedeutung ist. Doch dürfte dies, wie auch Kohlhaas bemerkt [35]), dem Bundesgerichtshof zumindest a u c h vorgeschwebt haben, zumal er sich ausdrücklich auf die Entscheidung RGStr. 24, 250 ff. beruft.

Die generelle Betrachtungsweise des Bundesgerichtshofes ist hinsichtlich der Frage der Verhinderung sehr bedenklich. Gage-Sarstedt [36]) und Kohlhaas [37]) weisen mit Recht darauf hin, daß es verfahrensrechtliche Revisionsgründe gibt, die ihrer Natur nach (z. B. unvorschriftsmäßige Besetzung eines Gerichts) nicht ohne weiteres als solche zu erkennen sind [38]). Zuweilen geben selbst das Sitzungsprotokoll und die Gerichtsakten keine Aufklärung. Man denke an den Fall, daß die Unwirksamkeit eines Strafantrages auf Geschäftsunfähigkeit des Antragsstellers nach § 104 Ziffer 2 BGB beruht, oder, bedeutsam für eine Revision der Staatsanwaltschaft, die Verlobung des Angeklagten mit einer in der Hauptverhandlung ohne Belehrung (§ 52 II) vernommenen Zeugin unbekannt ist. Andere Prozeßbeschwerden wiederum können ohne Einsicht in die Gerichtsakten, insbesondere das Sitzungsprotokoll, nicht substantiiert werden. Zum Beispiel ist eine fundierte Aufklärungsrüge regelmäßig erst nach sorgfältigem Aktenstudium möglich [39]). Auch ist zu überlegen, ob im Hinblick auf die ausschließliche Beweiskraft des Sitzungsproto-

---

[35]) Kohlhaas NJW 1955, 742 l. Sp.

[36]) Gage-Sarstedt 60 Fußnote 340.

[37]) Kohlhaas NJW 1955, 742 r. Sp.

[38]) Vgl. auch: Schneidewin NJW 1952, 683 r. Sp.

[39]) Richtig: Gage-Sarstedt 60 Fußnote 340; Kohlhaas NJW 1955, 742 r. Sp.

kolls[40]) die Erhebung einer Verfahrensrüge ohne Einsicht in die Sitzungsniederschrift überhaupt zumutbar ist — man denke an die Kosten einer Revision. Aber selbst wenn der Verteidiger einen Verfahrensverstoß sofort erkennt und ohne Einsicht in die Gerichtsakten rügen könnte, ist damit noch nichts Endgültiges über das Schicksal eines späteren Wiedereinsetzungsgesuches gesagt. Gemäß § 44 kommt es darauf an, daß der Angeklagte selbst an der Wahrung der Frist verhindert gewesen ist. Seine Kenntnis eines Verfahrensverstosses und nicht die seines Verteidigers ist maßgebend. Wenn der Verteidiger es sowohl unterläßt, den Angeklagten von einem Verfahrensverstoß zu informieren, als auch versäumt, rechtzeitig eine Prozeßbeschwerde zu erheben, dann ist der Angeklagte an einem rechtzeitigem Vortrag der Rüge verhindert gewesen, da ihm die Unterlassung seines Verteidigers nicht angerechnet werden darf[41]). Anwesenheit des Angeklagten und seines Verteidigers in der Hauptverhandlung schließen also nicht ohne weiteres aus, daß der Angeklagte dennoch an der rechtzeitigen Einreichung einer einzelnen Prozeßbeschwerde verhindert gewesen ist.

Der Schwerpunkt der Entscheidung BGHStr. 1, 44 ff. liegt jedoch nicht, wie schon angedeutet, in einer (noch nicht einmal ausdrücklichen) Erörterung des Problems der „Verhinderung" an der Wahrung einer Frist[42]). Er ruht vielmehr in einer Interessenabwägung. Die Gedanken, die der Bundesgerichtshof hier verwertet, sind vom Reichsgericht — also kann er sich insofern nicht auf RGStr. 24, 250 ff. berufen — noch nicht gedacht worden. Der Bundesgerichtshof läßt die Interessenabwägung zuungunsten des Angeklagten ausfallen, weil ein „berechtigtes" Empfinden des Angeklagten, durch einen Verfahrensfehler beschwert zu sein — das Oberlandesgericht Köln[43]) spricht unter Bezug auf den Bundesgerichtshof von „Beschwerdegefühl"(!) —, auf dem Erlebnis der Hauptverhandlung und nicht auf der Fassung des Sitzungsprotokolls beruhe[44]). Der Bundesgerichtshof legt also Gewicht auf ein Empfinden der Beschwer und auf die Berechtigung dieses Empfindens. „Berechtigt" ist das Empfinden der Beschwer nach Auffassung des Bundesgerichtshofes anscheinend aber nur dann, wenn es auf dem Erlebnis der Hauptverhandlung beruht. Maßgebend ist also nicht die Schwere eines Verfahrensverstoßes, sondern die Art, wie ein Angeklagter von ihm Kenntnis erlangt hat.

---

40) BGHStr. 1, 44 (47) weist selbst darauf hin.

41) Der Angeklagte haftet nicht für ein Verschulden seines Verteidigers: vgl. unten Seiten 68 ff.

42) Im Gegensatz zu Schneidewin NJW 1952, 683 r. Sp. scheinen Gage-Sarstedt 60 Fußnote 340 und Kohlhaas NJW 1955, 742 dies zu verkennen.

43) OLG Köln NJW 1952, 558 (559 l. Sp. Mitte).

44) BGHStr. 1, 44 (46 unten).

Diese Tendenz, die Überwachung rechtsstaatlicher Verfahrensweise von berechtigten oder unberechtigten Empfindungen des Angeklagten abhängig zu machen, kann man nicht gutheißen [45]). Ein Angeklagter hat das Recht, j e d e n Verfahrensverstoß zu rügen und damit auf die Wahrung der Garantien gerechter und richtiger Urteilsfindung hinzuwirken [46]). Es ist überdies nicht einmal möglich, auf das „berechtigte Empfinden" einer Beschwer abzustellen, da dann notwendigerweise rechtsunkundige Angeklagte, die oftmals auch schwere Verfahrensverstöße in der Hauptverhandlung nicht bemerken werden, ungerecht benachteiligt würden. Außerdem führt der Bundesgerichtshof mit dem Begriff des „berechtigten Empfindens einer Beschwer" eine Zulässigkeitsvoraussetzung für die Erhebung einzelner verspäteter Verfahrensrügen ein, die sich nirgends im Gesetz findet. Nach allgemeinen Regeln ist eine Beschwer dann gegeben, wenn ein für das Urteil ursächlicher Verfahrensverstoß (aber auch die in § 338 aufgezählten Mängel) unterlaufen ist. Es ist unerheblich, ob subjektiv die Beschwer als solche empfunden wird. Die vom Bundesgerichtshof gebotene Lösung des Problems ist also abzulehnen.

Prinzipiell auf dem Boden der herrschenden Lehre stehen auch das Reichsgericht in der Entscheidung HRR Strafs. 1925, 192 f. = JR 1925 Nr. 446 [47]) und das Oberlandesgericht Köln in der Entscheidung NJW 1952, 558 f. [48]). Beide Gerichte wollen jedoch für einen Sonderfall nachgeschobene Verfahrensrügen zulassen.

Der Entcheidung des Reichsgerichtes lag folgender Sachverhalt zugrunde:

Der Angeklagte hatte ordnungsgemäß Revision eingelegt und um Bestellung eines Verteidigers zu deren Begründung gebeten. Am letzten Tag der Revisionsbegründungsfrist wurde ihm ein Referendar zum Pflichtverteidiger bestellt, mit dem er sich aber nicht mehr in Verbindung setzen konnte. Der Pflichtverteidiger, der weder der Hauptverhandlung beigewohnt hatte noch, wovon das Reichsgericht ausging, die Akten und das Sitzungsprotokoll kannte, reichte recht-

---

[45]) Der Bundesgerichtshof hat an anderer Stelle, und zwar in BGHStr. 4, 279 (283) selbst auf die Wichtigkeit rechtsstaatlicher Verfahrensweise hingewiesen; er führt dort aus: „Gerade auf dem Gebiete des Strafverfahrens ist es ein rechtsstaatliches Anliegen, daß die Gerichte das Recht innerhalb der gesetzlichen Schranken zu finden suchen".

[46]) Auch Schneidewin NJW 1952, 683 r. Sp. hält dem Bundesgerichtshof die Belange „sachdienlicher Verteidigung" entgegen.

[47]) Außer von Schneidewin 320 wird diese Entscheidung des Reichsgerichts vom 20. 2. 1925 (1/7 D 125/25) überall als unveröffentlicht behandelt; vgl. z. B.: Löwe-Rosenberg 6 zu § 44; BGHStr. 1, 44 (45 Mitte).

[48]) Kohlhaas NJW 1955, 742 l. Sp. scheint das OLG Köln für einen prinzipiellen Gegner der herrschenden Lehre zu halten. Das ist aber nicht richtig.

zeitig einen Schriftsatz ein, in dem er „Verletzung des materiellen Rechts" rügte. Die Revision wurde jedoch als „offensichtlich unbegründet" verworfen.

Das Reichsgericht gewährte dem Angeklagten, der Wiedereinsetzung zur Nachholung einer seinen Wünschen entsprechenden Revisionsbegründung begehrt hatte [49]), die beantragte Wiedereinsetzung mit der Begründung, daß die Revisionsbegründung des Pflichtverteidigers, da dieser die Gründe, die der Angeklagte habe geltend machen wollen, nicht gekannt habe, eine „rein formale" Erklärung gewesen sei und als eine „wirkliche Revisionsbegründung des Angeklagten" nicht gelten könne.

In der Entscheidung des Oberlandesgerichtes Köln [50]) hatte der Angeklagte durch seinen Verteidiger, der neben ihm der Hauptverhandlung beider Vorinstanzen beigewohnt hatte, schon bei der rechtzeitigen Revisionseinlegung „Verletzung formellen und materiellen Rechts" rügen lassen. Eine fristgerechte Vervollständigung der Revisionsbegründung war von der Verteidigung versehentlich versäumt worden. Der Angeklagte erstrebte die Zulassung einer verspäteten Verfahrensrüge.

Das Oberlandesgericht führt aus, daß die an sich billigenswerten Erwägungen der herrschenden Lehre und des Bundesgerichtshofes in der Entscheidung BGHStr. 1, 44 ff. nicht zuträfen, da die Revisionsbegründungsfrist „insgesamt" versäumt worden sei. Die Begründungsfrist sei deswegen gänzlich versäumt, weil eine zugleich mit der Revisionseinlegung gegebene Begründung, auch wenn sie an sich den gesetzlichen Erfordernissen entspreche, „in aller Regel . . nur eine vorläufige" sei [51]). Zur Darlegung der Beschwerdegründe im einzelnen gewähre das Gesetz eine besondere Begründungsfrist, und dem Angeklagten stehe das Recht zu, innerhalb dieser Frist, „alle" von ihm für sachdienlich erachteten Beschwerden vorzubringen. Dieses Recht könne nicht dadurch beeinträchtigt werden, daß schon die allgemeine Sachrüge eine Nachprüfung des Urteils im ganzen herbeiführe. Wolle man die Grundsätze der herrschenden Meinung auf Fälle wie den zur Entscheidung stehenden übertragen, dann würde der Angeklagte eines seiner wesentlichen Rechte beraubt und derjenige Angeklagte, der, ohne hierzu vom Gesetz genötigt zu sein, schon zugleich mit der Revisionseinlegung vorsorglich eine vorläufige Rechtsmittelbegründung anbringe, stünde schlechter da

---

[49]) Obwohl der Entscheidung nicht unmittelbar zu entnehmen, ist anzunehmen, daß der Angeklagte Verfahrensrügen geltend machen wollte. Eine sachlichrechtliche Prüfung hatte ja stattgefunden.

[50]) OLG Köln NJW 1952, 558 f.

[51]) Auch die Verteidigung hatte die Begründung, wie das Gericht hervorhebt, als „vorläufige" bezeichnet.

als derjenige, der sich hierfür allein auf die Begründungsfrist verlasse. Das aber könne nicht Rechtens sein [52]).

Das Prinzip beider Entscheidungen ist dasselbe. Beide Gerichte verneinen in den von ihnen entschiedenen Fällen die fristwahrende Wirkung der rechtzeitigen, aber inhaltlich den Wünschen der Revisionsführer noch nicht entsprechenden Revisionsbegründung, wobei das Reichsgericht [53]) von einer „rein formalen" und das Oberlandesgericht Köln [54]) von einer „nur vorläufigen" Begründung spricht. Beiden Entscheidungen gemeinsam ist schließlich, daß dem Streben, einen von der herrschenden Meinung versperrten Weg der Gerechtigkeit im Einzelfall zu finden, durch eine recht gewagte Konstruktion nachgeholfen wird.

Dem Reichsgericht sei entgegengehalten, daß auch eine vom Verteidiger ohne den Willen oder ohne Wissen des Angeklagten vorgenommene Prozeßhandlung vollwirksam und nicht nur eine „rein formale" Erklärung ist. Somit war auch in dem zur Entscheidung stehenden Falle die Begründungsfrist nicht gänzlich versäumt. Bemerkenswert ist, daß das Reichsgericht zunächst selbst gegen die Wirksamkeit der Revisionsbegründung des Pflichtverteidigers keine Bedenken erhoben hatte: wurde die Revision doch als „offensichtlich **unbegründet**" verworfen. Es ist sehr bedenklich, Mängel der herrschenden Lehre dadurch auszugleichen, daß anerkannte Grundsätze des allgemeinen Prozeßrechts beiseitegeschoben werden.

Mehr noch als für das Reichsgericht, gilt dies für die Ausführungen des Oberlandesgerichtes Köln. Der Begriff der „vorläufigen Begründung" ist dem Prozeßrecht als Rechtsinstitut unbekannt. Tatsächlich wird zwar des öfteren zugleich mit der Revisionseinlegung eine als vorläufig bezeichnete Begründung eingereicht. Aber diese „vorläufige Begründung" entbehrt nicht der Rechtswirksamkeit. Der Urheber einer solchen Begründung will damit nur ankündigen, daß eine Vervollständigung der Begründung beabsichtigt ist. Die „vorläufige Begründung" selbst dient dazu, für den Fall, daß eine Vervollständigung aus irgendeinem Grunde unterbleibt, die Frist zu wahren [55]). Selbst das Oberlandesgericht Köln erklärt ja, daß eine „vorläufige Begründung v o r s o r g l i c h" angebracht werde [56]). Welchen anderen Zwecken sollte diese Vorsorge aber dienen als solchen der Fristwahrung? Einer „vorläufigen Begründung" die fristwahrende Wirkung absprechen, heißt der Lebenswirklichkeit nicht

---

[52]) Kohlhaas NJW 1955, 742 r. Sp. oben, ist von diesen Ausfühungen des OLG Köln" tief beeindruckt".

[53]) RG HRR Strafs. 1925, 192 (193).

[54]) OLG Köln NJW 1952, 558 (559).

[55]) Vgl. Schneidewinn JW 1923, 346; Gage-Sarstedt 58; KMR 4 zu § 341; Kohlhaas NJW 1955, 742 r. Sp. a. Ende.

[56]) Siehe: OLG Köln NJW 1952, 558 (559 r.Sp.).

gerecht werden. Zudem wäre die Kehrseite der Auffassung des Oberlandesgerichtes Köln, daß „aller Regel nach" jede schon bei Einlegung mit einer Begründung versehene und späterhin nicht vervollständigte Revision wegen Versäumung der Revisionsbegründungsfrist als unzulässig zu verwerfen wäre. Ein unmögliches Ergebnis!

Richtig ist zwar, daß der Angeklagte das „Recht" hat, innerhalb der Revisionsbegründungsfrist „alle" gewünschten Beschwerden vorzutragen. Dieses Recht geht durch eine vorzeitige Begründung aber nicht verloren, allenfalls durch ein ungenutztes Verstreichenlassen der Frist. Verloren geht nach herrschender Lehre nur die Möglichkeit, mit späteren Rügen wiedereingesetzt zu werden. Aber dem vom Oberlandesgericht Köln so betonten Recht zur Anbringung „aller" Rügen vermag auch dieses prinzipiell der herrschenden Meinung beipflichtende Gericht dann keine Anerkennung zu verschaffen, wenn nicht eine „vorläufige", sondern innerhalb der Begründungsfrist eine „endgültige" Begründung eingereicht worden ist, und die beabsichtigte Vervollständigung dieser Rechtfertigung versehentlich unterblieben ist.

An diesem Punkt zeigt sich die besondere Schwäche der Argumentation des Oberlandesgerichtes Köln [57]), nach dessen Auffassung die Verwirklichung des Rechts zum Vortrag aller beabsichtigten Rügen davon abhängig ist, w a n n die zunächst gegebene Begründung vorgelegt worden ist, ob zugleich mit Revisionseinlegung oder erst innerhalb der Begründungsfrist. In jenem Falle soll wegen gänzlicher Fristversäumnis eine Wiedereinsetzung statthaft sein, in diesem nicht.

Ingesamt bietet sich die herrschende Lehre als eine in sich widersprüchliche und in ihren Erwägungen unzulängliche Lehre dar.

Unter den Befürwortern einer Wiedereinsetzung bei verspätetem Vortrag einzelner Verfahrensrügen sind vor allem Stein-Jonas-Schönke [58]), Schneidewin [59]), Rosenberg [60]) sowie das Oberlandesgericht Frankfurt [61]) zu nennen [62]).

Sie meinen, es sei nicht einzusehen, wieso derjenige, der überhaupt keine Revisionsbegründung gegeben habe, besser gestellt sein solle als derjenige, dessen Revisionsbegründung unvollständig ge-

---

[57]) Gage-Sarstedt 60 Fußnote 340 nennen die Gründe des OLG Köln „beachtlich". Auch Kohlhaas NJW 1955, 742 r. Sp. hält die Ausführungen dieses Gerichts für beachtenswert.

[58]) Stein-Jonas-Schönke V 1 zu § 554.

[59]) Schneidewin 320 und NJW 1952, 683 r. Sp.

[60]) Rosenberg JZ 1953, 310.

[61]) OLG Frankfurt HEStr. 2 Nr. 40 und Nr. 41.

[62]) Auch: RMG. 2, 62 (63 f.); ferner: der bei Kirchner Spr. Ger. 1949, 68 (72) erwähnte Spruchsenat.

blieben sei[63]). Das Oberlandesgericht Frankfurt bemerkt zusätzlich[64]), ein solches Ergebnis sei weder folgerichtig noch billig. Die richtige Frage laute, ob eine Frist auch teilweise versäumt werden könne, eine Frage, die das Gericht, wie aus dem Ergebnis seiner Erwägungen zu ersehen ist, bejaht.

Auch das Reichsmilitärgericht[65]) geht stillschweigend von der Zulässigkeit einer Wiedereinsetzung bezüglich nachgetragener Verfahrensrügen aus. In dem von ihm entschiedenen Falle versagt es Wiedereinsetzung nur deswegen, weil die „Versäumung" nicht auf einem unabwendbaren Zufall beruht habe.

Erbs[66]), der Wiedereinsetzung gleichfalls für zulässig erachtet, will sie jedoch nur gewähren, wenn der Angeklagte von dem verspätet vorgebrachten Revisionsgrund bereits vor Fristablauf erfahren hatte. Eine nähere Begründung fehlt.

Auch Goedel[67]) befürwortet eine Wiedereinsetzung, meint aber, sie sei hier „selbstverständlich" nur insoweit zulässig, als die Versäumung auf nicht rechtzeitiger Akteneinsicht beruhe; denn Verfahrensverstöße, die auch bei rechtzeitiger Akteneinsicht aus diesen nicht hätten ersehen werden können, seien nachträglicher Rüge entzogen. Soweit Goedel jedoch einer Wiedereinsetzung zustimmt, stützt er seine Auffassung auf die Überlegung, daß eine Frist auch dann versäumt sei, wenn eine Revisionsbegründung zwar rechtzeitig aber inhaltlich unvollständig, den Wünschen des Angeklagten nicht entsprechend, eingereicht worden sei. Eine Frist sei hier deswegen versäumt, weil die „gewollte" Revisionsbegründung nicht rechtzeitig vorgelegt und die „dafür bestimmte Frist" versäumt sei. Wiedereinsetzung müsse aber auch bei Versäumung der „Frist für eine beabsichtigte Revisionsbegründung" gewährt werden.

Kohlhaas[68]) Ansicht ist nicht völlig klar. Zum Schlusse seiner Aus-

---

[63]) So auch: Goedel JW 1938, 496 (497).
Gage-Sarstedt 60 glauben, die Besserstellung, die die herrschende Lehre dem völlig Untätigen gewähre, sei dadurch zu erreichen, daß bewußt eine mögliche rechtzeitige Rüge unterlassen werde. Obwohl auch Kohlhaas NJW 1955, 742 r. Sp., keine juristischen Bedenken gegen diesen Rat erhebt, sei auf seine Bedenklichkeit hingewiesen: nach herrschender Meinung ist derjenige, der bewußt eine Frist versäumt, an ihrer Einhaltung nicht verhindert gewesen. Wer den Rat Gage-Sarstedt's befolgt, wird sich also im Wiedereinsetzungsverfahren entgegenhalten lassen müssen, daß er die Frist hätte wahren können.

[64]) OLG Frankfurt HEStr. 2 Nr. 40. Das Gericht steht in der Entscheidung Nr. 41 a. a. O. auf demselben Standpunkt und versagt die Wiedereinsetzung hier aus anderen, allgemeinen Gründen.

[65]) RMG. 2, 62 (63 f.).

[66]) Erbs VIII zu § 44.

[67]) Goedel JW 1938, 496 f. Auffallenderweise sind seine immerhin neuartigen Erwägungen nirgends beachtet.

[68]) Kohlhaas NJW 1955, 742.

führungen gibt er der Hoffnung Ausdruck, die Standpunkte der Oberlandesgerichte Frankfurt und Köln möchten sich durchsetzen. Es ist aber so, daß zwar das Oberlandesgericht Frankfurt (HEStr. 2 Nr. 40 und 41), nicht aber das Oberlandesgericht Köln (NJW 1952, 558 f.) [69]) zu den grundsätzlichen Gegnern der herrschenden Lehre gerechnet werden kann. Immerhin ist soviel erkennbar, daß Kohlhaas für den Fall, daß vor Beginn der Begründungsfrist routinemäßig eine Sachrüge erhoben worden ist, eine Wiedereinsetzung hinsichtlich nachgeschobener Verfahrensrügen zulassen will. Hier sei, so meint er, die Frist zwar „gewahrt", aber nicht „erschöpft" [70]).

Zu erwähnen sind schließlich noch Mannheim [71]) und Gage-Sarstedt [72]), die ihre Bedenken gegen die Richtigkeit der herrschenden Meinung zwar ausführlich darlegen, sich selbst aber einer eindeutigen Stellungnahme versagen.

Die Gegner der herrschenden Lehre bieten in ihren Auffassungen also kein einheitliches Bild.

Wenig anzufangen ist mit der insbesondere von Stein-Jonas-Schönke [73]) als alleinige Begründung vorgetragenen Billigkeitserwägung, es sei nicht einzusehen, warum derjenige, der innerhalb der Frist etwas tue, schlechter dastehen solle als der völlig Untätige. Immerhin steht aber doch derjenige, der innerhalb der Frist etwas getan hat, insofern besser da als der gänzlich Untätige, als er durch sein fristgerechtes Handeln eine Überprüfung des Urteils in bestimmter Hinsicht erreicht hat.

Einen richtigen Kern enthält der pointiert vom Oberlandesgericht Frankfurt [74]) vorgetragene Gedanke einer „Teilversäumnis". Hier wird zumindest der Versuch unternommen, das starre Dogma von der mangelnden Fristversäumnis bei nachgeschobenen Verfahrensrügen zu durchbrechen. Gegen die Lehre von der „Teilversäumnis" spricht jedoch, daß § 44 einen solchen Begriff nicht kennt, Wiedereinsetzung vielmehr nur bei „Versäumung", nicht aber bei „Teilversäumung" einer Frist zuläßt [75]). Eine Teilversäumnis ist auch begrifflich nicht möglich. Sie ist deswegen nicht möglich, weil die Frage, ob eine Frist gewahrt oder versäumt ist, sinnvoll immer nur in Bezug auf eine b e s t i m m t e Prozeßhandlung gestellt werden kann. Hinsichtlich dieser bestimmten Handlung läßt sich aber immer nur feststellen, daß sie fristgerecht oder nicht fristgerecht vollzogen wor-

---

[69]) Siehe oben Seiten 50 ff.

[70]) Kohlhaas NJW 1955, 742 r. Sp. a. Ende.

[71]) Mannheim JW 1928, 2718 zu Nr. 17.

[72]) Gage-Sarstedt 60 und Fußnote 340 daselbst. Zu weit geht wohl Kohlhaas' Behauptung, Gage-Sarstedt legten die Gegenmeinung „überzeugend" dar.

[73]) Vgl. oben Seite 53.

[74]) OLG Frankfurt HEStr. 2 Nr. 40, vgl. oben Seite 54.

[75]) Richtig: KMR 1 d zu § 44.

den ist. Gegenstand des Wiedereinsetzungsverfahrens ist ja nicht die abstrakte Frage einer Versäumung der Revisionsbegründungsfrist, der Frage also, ob schon irgendeine revisionsbegründende Prozeßhandlung fristgerecht vorgenommen worden ist. Zu entscheiden ist vielmehr, ob eine Prozeßhandlung, die innerhalb der Frist wirksam hätte vorgenommen werden können aber nicht vorgenommen worden ist und deswegen der prozessualen Beachtlichkeit ermangelt, nachträglich gerichtlich für zulässig erklärt werden kann.

Allgemein anerkannt ist, daß innerhalb der Revisionsbegründungsfrist jede beliebige gesetzlich zulässige Rüge zu jedem Zeitpunkt innerhalb der Frist erhoben werden kann [76]). Auf der anderen Seite müssen diese Rügen auch innerhalb der Frist angebracht werden, sollen sie prozessual beachtlich sein. Wird eine Rüge verspätet vorgetragen, entbehrt sie eben wegen der Verspätung der prozessualen Wirksamkeit. Begrifflich besteht die Möglichkeit einer Verspätung aber nur für eine fristgebundene Prozeßhandlung. Daraus folgt mit Notwendigkeit, daß für jede einzelne Prozeßhandlung revisionsbegründenden Inhalts die Revisionsbegründungsfrist läuft. Das bedeutet nicht, daß mehrere Fristen laufen. Die Frist als solche ist eine einheitliche und für alle revisionsbegründenden Handlungen in ihrem Ablauf gleiche. Es bestehen jedoch, insofern die Einhaltung der Begründungsfrist Wirksamkeitsvoraussetzung jeder Rüge ist, ebenso viele Möglichkeiten, sie zu wahren oder zu versäumen, als es mögliche Revisionsrügen gibt.

Eine Wahrung der Revisionsbegründungsfrist im Sinne der herrschenden Meinung mit der Wirkung, daß sie nicht mehr versäumt werden kann, gibt es also nicht oder gibt es nur in Bezug auf eine bestimmte Prozeßhandlung, hinsichtlich derer die Frist eingehalten ist. Hinsichtlich anderer Rügen aber kann die Frist sehr wohl nicht eingehalten und somit versäumt werden. Der fristgerechte Vortrag einer Rüge schließt den verspäteten Vortrag einer anderen Verfahrensrüge nicht aus. Die Wahrung der Frist hinsichtlich einer Rüge verhindert nicht die Versäumung der Frist hinsichtlich anderer Rügen [77]).

Das Merkmal der „Fristversäumnis" ist also auch bei verspätetem Vortrag einzelner Rügen gegeben. Eine Wiedereinsetzung hier wegen mangelnder Fristversäumnis zu versagen, erweist sich als denkgesetzlich nicht haltbar.

---

[76]) Nach der in der sowjetzonalen Strafprozeßordnung getroffenen Regelung können der „Protest" (§ 281 I) und die „Berufung" (§ 281 II) nur bei Einlegung begründet werden. Allerdings ist in § 283 IV der ostzonalen StPO die Möglichkeit einer Ergänzung der Begründung vorgesehen.

[77]) In dieser Richtung bewegen sich wohl auch die Ausführungen von Goedel JW 1938, 496 f. (siehe oben Seite 54) und Kohlhaas NJW 1955, 742 r. Sp. (siehe oben Seiten 54 f.). Vgl. auch: OLG Hamburg JZ 1953, 308 (309 r. Sp.).

Was für einzelne nachgeholte Verfahrensrügen gilt, muß auch für den Fall gelten, daß innerhalb der Frist eine Prozeßrüge oder Sachbeschwerde erhoben worden ist und nach Fristablauf noch eine Sachrüge angebracht wird, deren Gegenstand nicht schon durch eine fristgerechte Rüge der Verletzung sachlichen Rechts erfaßt ist. Die Überprüfung des angefochtenen Urteils auf die verspätet gerügten sachlich-rechtlichen Mängel hängt ganz von der nachträglichen Zulassung der Sachbeschwerde ab [78]). Die Lage ist also praktisch dieselbe wie bei verspätetem Vortrag einzelner Verfahrensrügen, eine Gleichbehandlung daher geboten.

Zulässig ist die Wiedereinsetzung bei verspätetem Vortrag einzelner Rügen im normalen Umfange. Eine mögliche Beeinträchtigung der Rechtssicherheit durch Vermehrung der Wiedereinsetzungsmöglichkeiten wird man in Kauf nehmen müssen, da neue „Wege der Gerechtigkeit" eröffnet werden. Im übrigen ist für eine Interessenabwägung auch gar kein Raum, da ein gesetzliches Recht auf Wiedereinsetzung besteht, wenn, wie das hier der Fall ist, deren tatbestandliche Voraussetzungen gegeben sind. Nach allgemeinen Regeln [79]) kann selbst nach Erlaß eines Sachurteils wiedereingesetzt werden [80]). Die von Gage-Sarstedt [81]) angedeutete Gefahr eines großen „Urteilssterbens" ist praktisch nicht hoch zu veranschlagen. Gegebenenfalls muß man sie hinnehmen. Den Rechtspflegeorganen ist es unbenommen, durch peinlich genaue Beachtung der Verfahrens- und Gerichtsordnung keinen Anlaß zu derartigen Mißhelligkeiten zu geben. Schließlich und vor allem sollte man bedenken, daß der Grundsatz der Rechtsstaatlichkeit sich gerade dort bewähren muß, wenn er nicht bloße Rede bleiben soll, wo er unbequem und lästig wird.

D. Der Begriff der „Verhinderung" an der Einhaltung einer Frist im Sinne des § 44 StPO.

Eine Wiedereinsetzung darf nur erteilt werden, wenn der Antragsteller an der Wahrung einer Frist „verhindert" gewesen ist. Überwiegend wird dem Gesuchsteller der Nachweis einer „Verhinderung" keine großen Schwierigkeiten bereiten. Problematisch ist regelmäßig

---

78) Eine schuldlose Versäumnis wird hier wegen der Möglichkeit einer allgemeinen Sachrüge praktisch allerdings äußerst selten sein.

79) Vgl. oben Seite 7 und Anmerkung 39) daselbst.

80) Auch das Reichsgericht hat in der Entscheidung HRR Strafs. 1925, 192 f. eine Wiedereinsetzung gewährt, obwohl die Revision bereits als „offensichtlich unbegründet" verworfen worden war. Gage-Sarstedt's Ausführungen (Seite 60 Fußnote 340 a. Ende) lassen erkennen, daß auch sie eine Wiedereinsetzung nach Erlaß eines Sachurteils für möglich halten.

81) Gage-Sarstedt 60 Fußnote 340.

nur die Verschuldensfrage. Darauf wird es beruhen, daß theoretisch der Begriff der Verhinderung wenig geklärt ist.

Die einschlägigen Äußerungen in Literatur und Rechtsprechung sind spärlich und uneinheitlich.

Eine allgemeine Definition des Begriffs der Verhinderung bieten nur Löwe-Rosenberg [1]). Sie lehren: „Verhindern bedeutet soviel wie Unmöglichmachen."

Im übrigen fehlen Definitionen. Stattdessen werden einzelne Merkmale aufgezählt, die für den Begriff des „Hindernisses" von Bedeutung sein sollen:

Das Hindernis müsse die „Vornahme" und nicht den „Inhalt" der Prozeßhandlung betreffen [2]). Der Antragsteller müsse an der „Einhaltung der Frist selbst" verhindert gewesen sein [3]). Das Hindernis müsse den „formalen Akt der Einlegung des Rechtsmittels, nicht die beabsichtigte Rechtsmittelbegründung" beeinflussen [4]). Das Hindernis müsse sich auf die „Möglichkeit", nicht die „Zweckmäßigkeit" der fristgebundenen Prozeßhandlung beziehen [5]). Das Hindernis müsse von solcher Art gewesen sein, daß es auf die „Freiheit der Willensbildung" von Einfluß gewesen sei [6]). Die Fristversäumnis dürfe keine bewußte und gewollte gewesen sein. Wer bewußt eine Frist versäume, sei an deren Einhaltung nicht verhindert gewesen. Die Frist müsse „versehentlich" versäumt worden sein [7]). Nach überwiegender Meinung ist eine Frist auch dann bewußt versäumt, eine Wiedereinsetzung also ausgeschlossen, wenn der Entschluß, die Frist nicht zu wahren, auf der arglistigen Täuschung eines Dritten oder einem sonstigen Irrtum beruht [8]). Andere wollen bei Arglist eines Dritten oder unverschuldetem Irrtum des Antragsstellers eine „Verhinderung" anerkennen [9]).

Die wichtigsten Folgerungen, die aus diesen Auffassungen gezogen werden, sind: eine Wiedereinsetzung könne nicht für solche Prozeß-

---

[1]) Löwe-Rosenberg 10 zu § 44.

[2]) OLG Bremen NJW/RzW 1952, 40 (41); Stein-Jonas-Schönke II zu § 233.

[3]) Johannsen NJW 1952, 525 (527).

[4]) RG Gruchot 53, 1102 (1104); OLG Düsseldorf JMBlNRW 1950, 107 (108); Görck JR 1951, 215 (216).

[5]) LAG Hannover BB 1952, 492 l. Sp.

[6]) OVG Münster Verw. Rspr. 1953 Nr. 46.

[7]) Im Ergebnis so: BGHZ 2, 347 (350); RG: HRR 1928 Nr. 73; JW 1929, 3151 (3152); RFH. 26, 266 f.; OLG: Hamm HRR 1937 Nr. 590; DNotZ. 1953, 201; Frankfurt HEStr. 2, 77 (78); VGH Stuttgart DVBl. 1953, 710; OVG Münster Verw. Rspr. 1953 Nr. 46; Czapski NJW/RzW 1952, 228 zu Nr. 6; Goldschmidt JW 1929, 3151 (3152) zu Nr. 4; Görck JR 1951, 215 (216); Johannsen NJW 1952, 525 (527); Schade GRUR 1953, 49 (55).

[8]) OLG Hamm HRR 1937 Nr. 590; LAG: Stuttgart BB 1952, 492; Hannover BB 1952, 492; ArbG Göttingen BB 1951, 896; Board of Review Herford, NJW/RzW 1951, 179.

[9]) RG JW 1939, 569 f.; Warn. 1938 Nr. 110; KG HRR 1928 Nr. 905; Woermann BB 1951, 896.

handlungen erteilt werden, die der Geltendmachung erst nach Fristablauf entstandener oder bekannt gewordener Tatsachen dienten [10]). Insbesondere gelte dies für spätere Änderungen der Rechtsansicht [11]) oder Gesetzesänderungen nach Fristablauf [12]). In all diesen Fällen sei die Frist absichtlich versäumt worden, so daß ihrer Wahrung kein „Hindernis" entgegengestanden habe.

Abweichende Stimmen fehlen jedoch nicht. Anscheinend ohne Einschränkung wollen das Deutsche Obergericht [13]) und das Oberlandesgericht Koblenz [14]) Wiedereinsetzung auch dann gewähren, wenn mit der verspäteten Prozeßhandlung Tatsachen eingeführt werden sollen, die erst nach Fristablauf bekannt geworden oder entstanden sind.

In derselben Richtung bewegen sich, wie noch näher gezeigt werden wird [15]), einige Entscheidungen des Reichsgerichts [16]) und ein Erkenntnis des Kammergerichtes [17]).

Literatur und Rechtsprechung bieten also kein einheitliches Bild, das verwundert nicht, wenn man bedenkt, wie wenig systematische Aufmerksamkeit dem Problem bisher geschenkt worden ist. Zum Beispiel findet sich bei Kirchner [18]) die Bemerkung, Fälle, in denen es um eine Wiedereinsetzung für verspätet eingeführte, nach Fristablauf bekannt gewordene Tatsachen gehe, seien in „der ordentlichen Rechtsprechung anscheinend noch nicht entschieden" worden. Und das Reichsgericht [19]) erklärt bündig, ohne seiner eigenen abweichenden Rechtsprechung [20]) überhaupt Erwähnung zu tun, bei bewußter Fristversäumnis sei ein Antrag auf Wiedereinsetzung „zweifellos niemals" statthaft. Häufig findet man unklare Begriffe. Czapski [21]) meint, bei bewußter und gewollter Fristversäumnis fehle es schon an dem Merkmal der „Versäumnis" im technischen Sinne. Verbreiteter ist die Übung, das Problem unter dem Gesichtspunkt

---

10) Vgl. RGZ 149, 379 (383); Gruchot 53, 1102 (1104 f.); Stein-Jonas-Schönke II zu § 233; Erbs VIII zu § 44; Schade GRUR 1953, 49 (55); Kirchner Spr. Ger. 1949, 68 (72); Goßrau NJW 1947/48, 529 zu Nr. 8; FG München JZ 1955, 494 l. Sp.

11) RFH JW 1930, 211 (212); OLG Dresden ZZP 52, 324 (325 f.); OVG Münster Verw. Rspr. 1953 Nr. 46; Guttmann ZZP 52, 326.

12) OLG Bremen NJW/RzW 1952, 40 (41); OLG Düsseldorf JMBlNRW 1950, 107 (108); OVG Jena NJW 1949, 438 Nr. 928.

13) DOG JR 1951, 215.

14) OLG Koblenz NJW 1947/48. 529.

15) Siehe unten Seiten 62 ff.

16) RG: Recht 1922 Nr. 1743; Warn. 1938 Nr. 110; JW 1939, 569 f.

17) KG HRR 1928 Nr. 905; auch: Goedel JW 1938, 496 f.

18) Kirchner Spr. Ger. 1949, 68 (72).

19) RGZ 149, 379 (383).

20) Siehe die oben in Anmerkung 16) aufgezählten Entscheidungen des Reichsgerichts.

21) Czapski NJW/RzW 1952, 228 zu Nr. 6; vgl. auch: RFH JW 1930, 211 (212).

des unabwendbaren Zufalls zu behandeln [22]) oder aber die Begriffe „Verhinderung“ und „unabwendbarer Zufall“ zu vermengen [23]). Manche Entscheidungen lassen nicht mehr erkennen, ob die Wiedereinsetzung versagt wurde, weil der Antragsteller an der Einhaltung der Frist nicht „gehindert“ war, oder ob sie verweigert wurde, weil der Gesuchsteller nicht durch „unabwendbaren Zufall“ verhindert war.

Eine klare Abgrenzung ist jedoch unerläßlich [24]). Die Unabwendbarkeit der Verhinderung kann naturgemäß erst dann geprüft werden, wenn feststeht, d a ß der Antragsteller an der Fristwahrung verhindert war. Das eine ist begrifflich die Voraussetzung des anderen.

Den Ansatzpunkt zum richtigen Verständnis der herrschenden Lehre, nach welcher derjenige, der absichtlich eine Frist nicht einhält, an ihrer Wahrung nicht „verhindert“ gewesen sein soll, zur richtigen Erkenntnis des herrschenden Hindernisbegriffes also, bietet das Oberverwaltungsgericht Münster [25]). Es weist darauf hin, daß das Hindernis auf die „Freiheit der Willensbildung“ von Einfluß gewesen sein müsse. In der Tat ist damit eines der Elemente gefunden, deren Fehlen, wie Löwe-Rosenberg [26]) sich ausdrücken, die Einhaltung einer Frist „unmöglich“ macht. Das zweite Element ist die fehlende Freiheit der „Willensbetätigung“. Es lassen sich demnach Hindernisse **physischer** und Hindernisse **psychischer** Art unterscheiden.

Ein Hindernis p h y s i s c h e r Art und damit eine mangelnde Freiheit der „Willensbetätigung“ ist stets dann gegeben, wenn der Verwirklichung eines Entschlusses, eine bestimmte Frist einzuhalten, Hemmnisse äußerer Art entgegenstehen. Es handelt sich um Situationen, in denen sich der Antragsteller sagen mußte: „Ich will die Frist wahren, aber ich kann sie nicht wahren“. Diese Fälle bieten weder theoretisch noch praktisch besondere Schwierigkeiten [27]).

Ein p s y c h i s c h e s Hindernis steht der Wahrung einer Frist entgegen, wenn es dem Antragsteller unmöglich war, einen Ent-

---

[22]) BGHZ 2, 347 (350); RFH JW 1930, 211 (212); OLG Dresden ZZP 52, 324, 325 f.); LAG Stuttgart BB 1952, 492 l. Sp.; Schmidt 8 zu § 44.

[23]) OLG Frankfurt HEStr. 2, 77 (78); OVG Münster Verw. Rspr. 1953 Nr. 46; ArbG Göttingen BB 1951, 896.

[24]) Eine klare und richtige Unterscheidung findet sich bei:
RG Gruchot 53, 1102 (1104 f.); JW 1929, 3151 (3152); JW 1930, 1001; OLG Düsseldorf JMBlNRW 1950, 107 (108); OLG Bremen NJW/RzW 1952, 40 (41); VGH Stuttgart DVBl. 1953, 710; LAG Hannover BB 1952, 492 l. Sp.; Johannsen NJW 1952, 525 (527); Görck JR 1951, 215 (216); Kirchner Spr. Ger. 1949, 68 (72).

[25]) OVG Münster Verw. Rspr. 1953 Nr. 46.

[26]) Löwe-Rosenberg 10 zu § 44.

[27]) Siehe die Beispiele bei Schmidt 10 zu § 44.

schluß zu fassen, dessen Betätigung zur Einhaltung der Frist geführt hätte. Wir haben es hier mit einer partiellen Unfreiheit der „Willensbildung" zu tun. Ihre Merkmale sind ein mangelndes Wissen über die zur Fristwahrung bedeutungsvollen Tatsachen oder eine fehlende Aktualität solchen Wissens.

Zu dem insoweit nötigen Wissen gehört die Kenntnis von der Möglichkeit[28]) einer fristgebundenen zulässigen Prozeßhandlung sowie die Kenntnis vom Lauf der Frist und der Art (Form, Adressat) ihrer Wahrung[29]). Fehlt dieses Wissen, dann kann die Frist allenfalls zufällig gewahrt werden. So, wenn zum Beispiel der Angeklagte glaubt, die Revisionseinlegungsfrist betrage zwei Wochen, dennoch aber schon nach vier Tagen Revision anmeldet. Zufällig ist die Einhaltung der Frist auch dann, wenn trotz „falschen" Wissens die Frist gewahrt werden mußte. Man setze den Fall, der Angeklagte glaubt, innerhalb drei Tagen Revision einlegen zu müssen und tut dies auch. Auch dieses Wissen ermöglicht ihm keine „richtige" Entschlußfassung. Er kann nicht wollen, die gesetzliche Frist, also die Einwochenfrist, einzuhalten, da er nicht weiß, daß die Frist eine Woche beträgt. Da aber § 44 keine „finale" Fristwahrung verlangt, sich vielmehr mit tatsächlicher Einhaltung zufrieden gibt, sind diese Fälle unproblematisch.

Wissen der zur Fristwahrung erheblichen Tatsachen alleine genügt jedoch nicht. Das Wissen muß vielmehr im Bewußtsein lebendig, also aktuell sein. Nur dann vermag es die zur richtigen Willensbildung unerläßlichen Impulse zu geben. Wer von der Möglichkeit eines Rechtsmittels weiß, auch Frist und Form seiner Einlegung kennt, an all das aber während des Ablaufs der Frist nicht denkt, weil seine Gedanken von anderen Dingen absorbiert sind, dem vermittelt sein an sich vorhandenes Wissen ebensowenig Impulse wie demjenigen, dem eine solche Kenntnis völlig fehlt.

Zusammenfassend läßt sich somit sagen, daß die Unkenntnis von der Möglichkeit einer Prozeßhandlung sowie mangelndes Wissen der für die Fristwahrung erheblichen Tatsachen „Hindernisse" im Sinne des Wiedereinsetzungsrechts sind. Physische und psychische Hemmnisse hat die herrschende Lehre im Auge, wenn sie von „Verhinderung" spricht. Man könnte diesen Hindernisbegriff einen natür-

---

[28]) Der Angeklagte, dem unbekannt ist, daß er ein Rechtsmittel einlegen kann, ist nicht in der Lage, überhaupt einen Entschluß zur Einlegung des ihm objektiv zustehenden Rechtsmittel zu fassen: vgl. KG NJW 1952, 1029; BFH 56, 832 (833 f.).

[29]) Irrtümliche Annahme der Unzulässigkeit eines Rechtsmittels (zu unterscheiden von seiner „Statthaftigkeit") macht dessen Einlegung an sich nicht „unmöglich". Die Vorstellung der Unzulässigkeit **motiviert** nur zur Nichteinlegung. Formuliert man aber wie oben im Text, dann ist doch eine „Unmöglichkeit" gegeben.

Vgl. auch: RGZ 116, 13 ff.; RG JW 1930, 1001.

lichen nennen, weil er auf physischer und psychischer Grundlage beruht. Seiner Abgrenzung gegenüber Hemmnissen anderer Art dienen jene Formeln wie: das Hindernis müsse die „Möglichkeit, nicht die Zweckmäßigkeit" einer Prozeßhandlung betreffen [30]), ihre „Vornahme, nicht ihren Inhalt" [31]), die Frist dürfe nicht „bewußt und gewollt" versäumt worden sein [32]). Die herrschende Meinung wehrt sich also gegen die Berücksichtigung solcher Umstände, die bloß auf den Motivationsprozeß [33]) von unmittelbarem Einfluß sind, die Möglichkeit der Bildung eines richtigen Entschlusses zur Fristwahrung sowie dessen Betätigung aber nicht ausschließen [34]). Die lediglich motivierend wirkenden Umstände könnte man **motivierende** Hindernisse nennen.

Die Konsequenzen, die bei Zugrundelegung eines natürlichen Hindernisbegriffes im Einzelfall gezogen werden müssen, sind jedoch von der Rechtsprechung nicht immer gezogen worden. Die Ursachen hierfür können zweierlei Art sein. Man kann entweder im Einzelfall eine Ausnahme von der Regel statuieren und motivierende Hindernisse entsprechend den physischen oder psychischen behandeln, oder aber man erweitert den Hindernisbegriff und bezieht in ihn die motivierende Hindernisse grundsätzlich ein.

Zunächst sei eine Gruppe von Entscheidungen erwähnt, bei denen nicht erkennbar ist, welcher Weg von ihnen beschritten worden ist.

Das Deutsche Obergericht [35]) gewährte einem Antragsteller Wiedereinsetzung, der sich darauf berufen hatte, an der Einhaltung der Frist deswegen verhindert gewesen zu sein, weil er erst nach Fristablauf von einer ihm günstigen Änderung einer bestimmten höchstrichterlichen Rechtsansicht Kenntnis erlangt habe. Zur Begründung führt das Gericht aus, daß als Wiedereinsetzungsgrund die „unverschuldete Rechtsunkenntnis des Verurteilten in einer für ihn unübersichtlichen Rechtslage" genüge. Was das Deutsche Obergericht prinzipiell unter einem „Hindernis" versteht, ist nicht erkennbar. Sicher ist nur, daß in jenem Falle der Antragsteller nach herrschender Lehre an der Fristwahrung nicht „verhindert" gewesen ist. Die Unkenntnis der höchstrichterlichen Rechtsprechung wirkte sich nur auf den Motivationsprozeß aus [36]).

---

[30]) So: LAG Hannover BB 1952, 492 l. Sp.

[31]) Vgl. die auf Seite 58 Anmerkung 2) Genannten.

[32]) Vgl. die auf Seite 58 Anmerkung 7) Genannten.

[33]) Richtig erkannt von: Arb. G. Göttingen BB 1951, 896.

[34]) Vgl. die auf Seite 58 Anmerkung 8), Seite 59 Anmerkungen 10), 11), 12) erwähnten Entscheidungen, in denen für die diesen zugrunde liegenden Fälle jeweils die richtigen Konsequenzen aus dem naturalistischen Hindernisbegriff gezogen worden sind. Ferner: RG HRR 1928, Nr. 73 und VGH Stuttgart DVBl. 1953, 710.

[35]) DOG JR 1951, 215.

[36]) Vgl. die für einen ähnlichen Fall vom Standpunkt der überwiegenden Meinung aus richtige Entscheidung des ArbG Göttingen BB 1951, 896.

Das Reichsgericht [37]) hält es für rechtlich möglich, dem beklagten Ehemann eines Ehescheidungsprozesses Wiedereinsetzung zu gewähren, wenn er von seiner Ehefrau arglistig von der Einlegung einer Berufung gegen das erstinstanzliche Scheidungsurteil abgehalten worden ist. Das Reichsgericht läßt sich nicht darüber aus, wie dieses Urteil mit dem herrschenden Hindernisbegriff vereinbar ist [38]).

Ein erweiterter, also von der herrschenden Lehre abweichender Hindernisbegriff scheint einer späteren Entscheidung des Reichsgerichts zugrunde zu liegen [39]). Das Reichsgericht hatte über den folgenden Sachverhalt zu befinden:

Die Antragstellerin hatte von einer Berufung abgesehen, weil sie aussichtslos erschien. Nach Ablauf der Berufungsfrist wurde jedoch das dem erstinstanzlichen Urteil zugrundeliegende Gutachten zugunsten der Antragstellerin berichtigt. Nunmehr legte sie Berufung ein und beantragte Wiedereinsetzung [40]).

Das Reichsgericht befaßt sich eingehender mit dem Begriff der „Verhinderung". Es erklärt an der entscheidenden Stelle: „Unwesentlich ist es, ob die Partei durch Zufall an der Fassung eines Entschlusses gehindert oder zu einem falschen Entschluß veranlaßt worden ist". Diese Bemerkung ist in ihrer allgemeinen Art von weittragender Bedeutung. Sie läßt deutlich erkennen, daß es sich hier um eine echte Erstreckung des Begriffs der Verhinderung auch auf Hindernisse motivierender Natur handelt. Solche Hemmnisse sind ersichtlich mit dem Ausdruck „falscher Entschluß" gemeint. Der Grund für die „Falschheit" eines Entschlusses sind nämlich nach der Auffassung des Reichsgerichts — es spricht von einer „falschen Beurteilung des Sachverhalts" — bestimmte Vorstellungen, die zur Nichteinhaltung der Frist motivierten. Falsch scheint nach Ansicht des erkennenden Senats der Entschluß dann zu sein, wenn er sich bei einer ex post Betrachtung als interessewidrig herausstellt.

Der den Erwägungen des Reichsgerichts unausgesprochen unterliegende Grundgedanke ist der Gedanke der Bestimmbarkeit menschlichen Verhaltens, wie er ausgeprägter in einer Entscheidung des Kammergerichts [41]) in Erscheinung tritt.

Das Kammergericht gewährte dem Gläubiger eines Aufwertungsanspruches, den dieser absichtlich nicht angemeldet hatte, Wieder-

---

37) RG Warn. 1938 Nr. 110.

38) In einem tatsächlich und rechtlich gleichgelagerten Falle hat das OLG Hamm HRR 1937 Nr. 590 — vom Standpunkt der herrschenden Lehre aus folgerichtig — die beantragte Wiedereinsetzung deswegen versagt, weil „von einer Verhinderung bei Einhaltung der Berufungsfrist nicht gesprochen werden" könne.

39) RG JW 1939, 569 f.

40) Das Reichsgericht prüfte zunächst wenig folgerichtig vor einer näheren Behandlung der Frage der Verhinderung die Verschuldensfrage.

41) KG HRR 1928 Nr. 905.

einsetzung, weil der Gläubiger zur Nichtanmeldung durch einen unverschuldeten Irrtum, „der ihm die Unterlassung der Anmeldung als sachgemäß erscheinen ließ", „veranlaßt" worden sei. Die Vorstellung der Unsachgemäßheit rechtzeitiger Anmeldung motivierte den Gläubiger also zur Unterlassung einer Anmeldung, hinderte ihn an rechtzeitigem Handeln [42]). Die herrchende Meinung freilich nennt solche Hemmnisse „rechtlich unerheblich" [43]).

Sie vertritt jedoch einen allzu engen Begriff der Verhinderung. Richtig ist zwar, daß nur bei physischer und psychischer Verhinderung eine Fristwahrung unmöglich ist. Die Eigenart des Prozesses menschlicher Willensbildung gibt aber zumindest Anlaß zu der Untersuchung, ob nicht Einwirkungen auf den Motivationsvorgang den physischen und psychischen Hindernissen rechtlich gleichzuwerten sind.

Der Mensch ist ein vernunftbegabtes Wesen. Die Bestimmbarkeit seines Verhaltens durch Erwägungen und Überlegungen aller Art ist eine Erscheinung, auf der gerade das Strafrecht beruht. Die Wirksamkeit von Strafbestimmungen in ihrem Charakter als Verhaltensnormen ist vorzüglich auf diese Bestimmbarkeit gegründet: die Vorstellung der als Strafsanktion angedrohten Übel soll den Normadressaten zu gesetzmäßigem Verhalten motivieren, ihn an ungesetzlichem Tun hindern. Die unter Umständen zwingende Wirkung bestimmter Vorstellungen auf das Verhalten eines Menschen darf nicht als „rechtlich unerheblich" bezeichnet werden. Soll sich wirklich der durch schwere Drohungen von der Einhaltung einer Frist Abgehaltene auf seinen Wiedereinsetzungsantrag vom Gericht entgegengehalten lassen müssen, er habe die Frist bewußt und gewollt versäumt, sei an der Fristwahrung nicht verhindert gewesen, daß er sich durch die Drohung zur Nichteinhaltung der Frist habe bestimmen lassen, sei rechtlich unerheblich? Genau so muß sich aber die herrschende Lehre verhalten, denn auch Drohungen wirken sich nur auf den Motivationsprozeß aus, und auch der Bedrohte versäumt eine Frist „bewußt und gewollt".

Prinzipieller Anerkennung motivierender Hindernisse wird freilich mit dem Hinweis auf den Fortfall aller Schranken [44]) und auf den Sinn der Rechtskraft [45]) entgegengetreten. Diese Bedenken sind aber unbegründet.

---

[42]) Auch Woermann scheint die hindernde Wirkung von Motivationsvorgängen nicht zu verkennen: BB 1951, 896. Zur Charakterisierung der vereinzelt von der herrschenden Lehre abweichenden Rechtsprechung des Reichsgerichts bedient er sich der Formulierung, das Reichsgericht habe Wiedereinsetzung gewährt, wenn der Antragsteller die „Notwendigkeit" rechtzeitigen Handelns „nach Lage der Dinge nicht annehmen konnte".

[43]) Vgl. OVG Münster Verw. Rspr. 1953 Nr. 46.

[44]) Goldschmidt JW 1929, 3151 (3152) zu Nr. 4.

[45]) Goßrau NJW 1947/48, 529 zu Nr. 8.

Den Gegnern sei zunächst erwidert, daß eine schrankenlose Berücksichtigung motivierender Hindernisse durchaus nicht gefördert werden soll. Es kann natürlich nicht jede Vorstellung und Überlegung, die tatsächlich für die Nichteinhaltung der Frist bestimmend war, als Hindernis anerkannt werden. Hindernisse sind vielmehr nur Motive von zwingender Wirkung, und zwar individuell zwingender Wirkung.

Mit dieser Einschränkung ist die Anerkennung motivierender Hindernisse der Rechtslehre auch nichts Fremdes. Zu § 46 StGB wird ganz überwiegend die Ansicht vertreten, daß Umstände, die die Tatausführung nicht unmöglich machen aber den Täter zur Aufgabe seines Verbrechensentschlusses zwingend motivieren, rechtlich einer absoluten Behinderung gleichstehen und mithin den Rücktritt zu einem unfreiwilligen machen [46]). Nagler und Jagusch führen im Leipziger Kommentar [47]) zutreffend aus, daß alles darauf ankomme, „wie der hindernde Umstand vom Täter empfunden" worden ist. Die „Stärke" der zur Aufgabe eines Tatentschlusses drängenden Motive wird zum Kriterium für die Freiwilligkeit bzw. Unfreiwilligkeit eines Rücktritts vom Versuch. Diese Auffassung hat richtig erkannt, daß die Bestimmbarkeit menschlichen Verhaltens notwendig dazu führen muß, motivierende Hindernisse zwingenden Charakters objektiver Behinderung rechtlich gleichzuachten.

Worin aber besteht die zwingende Wirkung eines Motives, wonach bestimmt sich, ob eine Zwangslage anzuerkennen ist oder nicht?

Das Kammergericht [48]) sieht in dem von ihm entschiedenen Falle den zwingenden Charakter des Vorganges der Willensbildung darin, daß der Antragsteller seine Entschließung für „sachgemäß" halten mußte. Das ist richtig, aber nur ein Merkmal, woraus sich die zwingende Natur eines Motivationsvorganges ergeben kann. Es gilt jedoch einen Oberbegriff zu finden, der in jedem Einzelfalle eine richtige und gerechte Beurteilung ermöglicht. Dieser allen Anforderungen gerecht werdende Oberbegriff ist der Begriff der Unzumutbarkeit rechtzeitigen Handelns. Wem unter Berücksichtigung aller objektiven und subjektiven Gesichtspunkte nicht zugemutet werden kann, sich den Vorstellungen und Erwägungen, die für eine Versäumung der Frist sprachen, zu verschließen, der war an der Einhaltung der Frist „verhindert". Unzumutbar ist zum Beispiel die Einlegung eines Rechtsmittels, das völlig aussichtslos erscheint [49]), wohingegen es zumutbar ist, ein Rechtsmittel mit zweifel-

[46]) Vgl. BGHStr. 4, 56 ff.; BGH NJW 1955, 915 f.; LK 3 zu § 46; Schönke II 2 zu § 46; Maurach I 450 f.

[47]) LK 3 zu § 46 (Seite 206 oben).

[48]) KG HRR 1928 Nr. 905.

[49]) Vgl. den Fall in der Entscheidung RG JW 1939, 569 f. Andererseits siehe aber die der herrschenden Lehre entsprechende Entscheidung des FG München III in JZ 1955, 493 r. Sp. unter Ziffer 3 a).

haften Erfolgsaussichten rechtzeitig anzubringen. Unzumutbar wäre rechtzeitiges Handeln zum Beispiel auch dann, wenn die Frist nur unter Aufopferung höherwertiger Interessen eingehalten werden könnte. Generell läßt sich sagen, daß der Richter im jeweiligen Einzelfalle nach pflichtgemäßem Ermessen wird prüfen müssen, ob eine Einhaltung der Frist zumutbar war oder nicht.

Bei alledem ist zu bedenken, daß auch hier stets noch die Unabwendbarkeit der Verhinderung geprüft werden muß. Dieser Klippe werden viele Wiedereinsetzungsanträge zum Opfer fallen, die auf eine Unzumutbarkeit rechtzeitigen Handelns gestützt sind. Insbesondere wird regelmäßig jede Berufung auf Rechtsunkenntnis ausgeschlossen sein. Wer irrtümlich glaubte, die Rechtsansicht des Revisionsgerichtes vereitele einen Erfolg seiner Revision, der ist zwar, da die Einreichung einer aussichtslosen Revision nicht zumutbar ist, an rechtzeitigem Handeln „verhindert" gewesen, kann aber dennoch keine Wiedereinsetzung erlangen, da Rechtsunkenntnis in der Regel vorwerfbar ist[50]). Ebenso ist nicht unverschuldet an der Fristwahrung verhindert gewesen, wer sich von rechtzeitigem Handeln durch Drohungen abhalten ließ, die er selbst provoziert hat, Täuschungen zum Opfer fiel, die er bei Anwendung der erforderlichen Sorgfalt durchschaut haben würde oder sich auf verspätete Einsicht in die Gerichtsakten beruft, obwohl eine Einsichtnahme vor Fristablauf möglich gewesen wäre.

Es ist also nicht ganz zutreffend, daß bei der hier vertretenen Auffassung „alle Schranken" fortfielen. Ein verständiger Richter wird im Rahmen seines Ermessens bei Auslegung des Begriffs der „Unzumutbarkeit" die richtige Begrenzung zu finden wissen.

E. Das Problem der Anrechnung von Drittverschulden im Rahmen der Wiedereinsetzung in den vorigen Stand.

Im strafprozessualen Wiedereinsetzungsrecht gilt der Grundsatz, daß eine Verhinderung an der Fristwahrung dann unabwendbar war, wenn der Antragsteller sie auch durch die äußerste, nach den Umständen des Einzelfalles angemessene und vernünftigerweise zu erwartende Sorgfalt nicht abwenden konnte [1]). Wie ist es aber, wenn der Antragsteller mit der Einhaltung einer Frist einen Dritten beauftragt hatte und dieser Dritte die Frist schuldhaft versäumte? Muß

---

[50]) Nicht vorwerfbar wäre sie zum Beispiel dann, wenn der Antragsteller sich auf eine ständige Rechtsprechung des Revisionsgerichtes verlassen hatte, die jedoch, was ihm innerhalb der Frist noch nicht bekannt sein konnte, inzwischen zu seinen Gunsten abgeändert worden war.

[1]) Einmütige Meinung: vgl. statt aller: Schmidt 8 zu § 44.

der Antragsteller dann auch für das Verschulden dieses einstehen (haften) [2]?

Die Strafprozeßordnung schweigt darüber, ob im Rahmen der Wiedereinsetzung für Verschulden von Hilfspersonen gehaftet wird. Die Zivilprozeßordnung enthält demgegenüber in § 232 II ZPO eine Bestimmung, nach der eine Partei sich die schuldhafte Säumnis ihres Vertreters anrechnen lassen muß. Ähnliche Vorschriften finden sich auch in anderen Gesetzen, so zum Beispiel in § 22 II Satz 2 FGG, § 86 AO und § 134 IV des Flurbereinigungsgesetzes vom 14. 7. 1953, während § 36 I der VO 165 eine Haftung für Fremdverschulden ausdrücklich ausschließt.

Die Lösung dieses Problems im strafprozessualen Wiedereinsetzungsverfahren oblag mangels einer ausdrücklichen gesetzlichen Regelung der Rechtsprechung und Lehre. Insbesondere die Rechtsprechung hat sich in jahrzehntelanger Praxis um eine Klärung bemüht.

Die Anrechnung von Drittverschulden wird hauptsächlich für drei Gruppen von Verfahrensbeteiligten bedeutsam, und zwar: 1. für die Staatsanwaltschaft, 2. für den Angeklagten und 3. für den Privat- und Nebenkläger sowie den Antragsteller nach § 172.

I. Muß die Staatsanwaltschaft für eine schuldhafte Fristversäumnis ihrer Beamten und Hilfspersonen einstehen?

Mit dieser Frage hatte die Rechtsprechung sich anscheinend recht selten auseinanderzusetzen. In der Judikatur des Reichsgerichtes zu diesem Problem [3]) lassen sich zwei Entwicklungsphasen unterscheiden:

Zunächst wurde ausgesprochen, daß ein Verschulden des Leiters sowie eines Sachbearbeiters der Staatsanwaltschaft eine Wiedereinsetzung grundsätzlich ausschließe, Verschulden von sonstigen im Geschäftsbetrieb der Staatsanwaltschaft tätigen Beamten aber nur dann, wenn es auf ungenügender Beaufsichtigung beruhe [4]). Insoweit sollte der Staatsanwaltschaft also eine Entlastungsmöglichkeit verbleiben.

Diese Rechtsprechung wurde in der Entscheidung RGStr. 67, 265 [5])

---

[2]) Der Begriff der „Haftung" ist an sich ein zivilrechtlicher, wird aber auch dort im Sinne von „Einstehenmüssen" gebraucht. In dieser Bedeutung wird man die prägnante Kürze des Ausdrucks „Haftung" auch dem Prozeßrecht dienlich machen dürfen.

[3]) Die Rechtsprechung hat, soweit ersichtlich, überhaupt nur in den folgenden veröffentlichten Entscheidungen das Problem behandelt: RG JW 1891, 116; Recht 1922 Nr. 353; JW 1925, 996 f.; RGStr. 67, 265 f.; OGHStr. 2, 135 ff.; KG Agsb. E. I, 146 Nr. 163; LG Neuwied JW 1925, 2503 Nr. 1.

[4]) RG JW 1891, 116; JW 1925, 996 f.; auch: LG Neuwied JW 1925, 2503 Nr. 1.

[5]) In dieser Entscheidung handelte es sich um das Versehen einer staatsanwaltschaftlichen Kanzlei.

dahin abgeändert, daß der Staatsanwaltschaft die Möglichkeit einer Entschuldigung für nicht sachbearbeitende Beamte abgeschnitten wurde. Das Kammergericht hatte diesen Standpunkt bereits im Jahre 1893 vertreten [6]).

Der neueren Auffassung des Reichsgerichts folgt auch die Nachkriegsrechtsprechung. Der Oberste Gerichtshof für die Britische Zone hat klar und eindeutig ausgesprochen [7]), daß Verschulden eines jeden Beamten der Staatsanwaltschaft ein Verschulden der Behörde selbst sei [8]). Diese billigenswerte Rechtsprechung wird auch im Schrifttum gutgeheissen [9]), so daß heute in dieser Frage Einmütigkeit herrscht.

II. Muß der Angeklagte für eine schuldhafte Fristversäumnis seines Verteidigers oder Vertreters einstehen?

Die Entwicklung der Rechtsprechung zu diesem Problem war bedeutend mühseliger.

Anfänglich standen die Gerichte unter Führung des Reichsgerichts überwiegend auf dem Standpunkt, daß der Angeklagte sich ein Verschulden sowohl seines Wahlverteidigers als auch seines Pflichtverteidigers bei Versäumung einer Frist in entsprechender Anwendung des § 232 II ZPO anrechnen lassen müsse [10]).

Diese Rechtsprechung gab das Reichsgericht dann in der Entscheidung RGStr. 40, 118 ff. [11]) teilweise auf. Es sprach aus, daß der Angeklagte nur für ein Verschulden seines Wahlverteidigers, nicht aber für ein Verschulden seines Pflichtverteidigers einzustehen habe [12]), da er auf die Auswahl eines Pflichtverteidigers keinerlei Einfluß habe und es für ihn ein reiner Zufall sei, ob der Vorsitzende ihm einen sorgfältigen und tüchtigen Verteidiger beiordne oder nicht [13]).

---

[6]) KG Alsb. E. I, 146 Nr. 163 (Verschulden eines Sekretariatsbeamten der Staatsanwaltschaft).

[7]) OGHStr. 2, 135 ff.

[8]) Die Entscheidung entsprach auch, wie der OGH hervorhebt, dem Antrag des Generalstaatsanwaltes.

[9]) Gage-Sarstedt 62; KMR 3 b zu § 44; Schmidt 17 zu § 44; Schwarz 3 C zu § 44.

[10]) RGStr. 10, 74 (75 f.); 35, 109 (110); OLG: Braunschweig DJZ 1900, 51 Nr. 1; München Alsb. E. I, 140 (141), 158; Rostock GA 40, 185 (186 f.); BayrObLG Seuff. Bl. 66, 236; Galli DJZ 1907, 1352 (1356).

[11]) In jenem Falle war dem Angeklagten ein Referendar zum Pflichtverteidiger bestellt worden, „der nicht dem klaren Wortlaut des § 385 StPO entsprechend zu handeln verstand": siehe RGStr. 40, 118 (121).

[12]) Ebenso später: RG JW 1918, 623 Nr. 4; JW 1920, 300 (301); JW 1926, 1212 Nr. 1 a; JW 1929, 1887 ff.; JW 1933, 445 Nr. 35; JW 1934, 172 Nr. 21.

[13]) Zustimmend: BayrObLG Alsb. E. I Nr. 160 a, 161; KG Alsb. E. I Nr. 159 b; OLG: Königsberg JW 1925, 1546 Nr. 13; Dresden JW 1920, 307 (308); JW 1928, 430 Nr. 20, 758 Nr. 56; JW 1929, 2770 Nr. 24; Rostock GA 69, 250 f.;

Die Unterscheidung zwischen Wahl- und Pflichtverteidiger wurde schließlich in der Entscheidung RGStr. 70, 186 ff. fallen gelassen. Der entscheidende Senat erklärte, daß das Verschulden eines jeden Verteidigers für den Angeklagten ein unabwendbarer Zufall sei, sofern ihn selbst kein Mitverschulden an der Säumnis treffe [14]). Diese Auffassung sei, so heißt es in jenem Erkenntnis, lediglich eine folgerichtige Anwendung des Begriffs des unabwendbaren Zufalls. Eine dem § 232 II ZPO entsprechende Bestimmung fehle in der Strafprozeßordnung. Der Angeklagte müsse sich auf einen aus der Zahl der staatlich zugelassenen Rechtsanwälte gewählten Verteidiger verlassen können. Für den Angeklagten würde es eine außerordentliche Härte sein, wenn er in seinem Kampf um Ehre und Freiheit durch ein für ihn nicht abwendbares Verschulden seines Verteidigers behindert würde.

Diese Auffassung wurde von bedeutenden Teilen der Literatur seit jeher vertreten [15]). Auch einige Oberlandesgerichte hatten sich früher als das Reichsgericht zu einer weitherzigeren Rechtsprechung entschlossen [16]). Abweichende Stimmen sind seit der Entscheidung RGStr. 70, 186 ff. verstummt [17]), insbesondere teilt die jüngste Meinung des Reichsgerichts einmütig die Nachkriegsrechtsprechung [18]).

Der allgemeinen Ansicht ist zuzustimmen. Eine Haftung des Angeklagten für Fremdverschulden verbietet sich schon im Hinblick auf die von ihm zu verteidigenden hohen Güter der Ehre und der Freiheit.

Eine Lücke bleibt dennoch offen: zu Unrecht will eine sehr verbreitete Meinung die Befreiung des Angeklagten von einer Haftung für Verteidigerverschulden nur für den Fall gelten lassen, daß der Verteidiger ein zugelassener Rechtsanwalt ist [19]). Diese Auffassung

---

Hamburg LZ 1917, 893; LG Bremen JW 1931, 242 Nr. 1; Rilk JW 1934, 172 f. zu Nr. 21 u. a.; anders später noch: RG LZ 1917, 64.

[14]) RGStr. 70, 186 (190).

[15]) Vgl. Ewald GA 36, 80 ff.; Löwenstein JW 1930, 3429 f. zu Nr. 8; JW 1926, 1239 zu Nr. 9; Siegel GS 42, 277 (278 f., 283); Thilo 8 zu § 44; v. Schwarze 4 zu § 44; Grisebach DStrR. 1934, 270 f.; Köhler GS 53, 321 (323); Mamroth JW 1918, 623 zu Nr. 4.

[16]) OLG: Hamburg HRR 1932 Nr. 1180; JW 1930, 666 Nr. 40; Rostock Alsb. E. I, 137 f.; Breslau DStrR. 1934, 268.

[17]) Vgl. noch: RGStr. 75, 171 (173); OLG Dresden HRR 1937 Nr. 216.

[18]) OGHStr. 2, 135 (136); KG HEStr. 1, 163 Nr. 54; DOG JR 1951, 215; OLG: Celle NJW 1953, 559; Braunschweig NJW 1947/48, 499 Nr. 790; Kiel SchlHA 1948, 146; Gera NJ 1947, 107; LG Limburg SJZ 1949, 69 (70); OSprGH Spr. Ger. 1948, 55; Dienststrafhof DVBl. 1952, 140; Hess. Dienststrafhof Verw. Rspr. 1951 Nr. 176.

[19]) So insbesondere: RGStr. 70, 186 ff.; OLG: Breslau DStrR. 1934, 268; Kiel SchlHA 1948, 146; Hamburg JW 1930, 666 Nr. 40; Ewald GA 36, 80 (86). So hat zum Beispiel das Landgericht Limburg SJZ 1949, 69 (70) einem Angeklagten mangelnde Sorgfalt vorgeworfen, weil er sich einen Verteidiger aus der Zahl der Rechtskonsulenten gewählt hatte. Erbs VI B 3 zu § 44 hält diese Entscheidung mit Recht schon deswegen für „bedenklich“, weil

ist mit der allgemeinen Auslegung des Begriffes „unabwendbarer Zufall" nicht vereinbar. Es kommt hierbei anerkanntermaßen auf die besonderen Umstände des Einzelfalles an [20]). Ein bestimmtes Verhalten von vorneherein als unsorgfältig zu bezeichnen, paßt schlecht zu jener individualisierenden Betrachtungsweise [21]).

Auch wenn der Angeklagte einen zugelassenen Rechtsanwalt zum Verteidiger wählt, ist nicht, wie verschiedentlich gelehrt wird [22]), ohne weiteres eine Haftung für „culpa in eligendo" ausgeschlossen [23]). In der Regel wird man zwar dem Angeklagten, der sich von einem zugelassenen Rechtsanwalt verteidigen läßt, nicht den Vorwurf mangelnder Sorgfalt machen können, weil in diesem Falle eine „Vermutung" sorgfältigen Verhaltens besteht [24]): der Angeklagte darf sich auf die Zuverlässigkeit und Sorgfalt eines staatlich zugelassenen Rechtsanwalt verlassen, da er dessen Eignung in der Regel nicht nachprüfen kann [25]). Beauftragt der Angeklagte mit seiner Verteidigung aber einen ihm als unzuverlässig oder unfähig bekannten Anwalt, handelt er nicht sorgfältig genug [26]), und es trifft ihn bei verschuldeter Fristversäumnis dieses Verteidigers ein Mitverschulden.

Kein Angeklagter ist aber gehalten, einen zugelassenen Rechtsanwalt als Verteidiger zu bestellen. Wer eine rechtskundige Person, die nicht zugelassener Rechtsanwalt ist, mit seiner Verteidigung betraut — etwa weil ihm zur Bestellung eines zugelassenen Anwalts die Mittel fehlen —, dem darf bei verschuldeter Fristversäumnis dieses Verteidigers nicht schon um deswillen Wiedereinsetzung versagt werden, weil der Verteidiger kein zugelassener Rechtsanwalt ist. Es kommt vielmehr nach allgemeinen Regeln alles darauf an, ob die Wahl des Verteidigers eine mangelnde Sorgfals erkennen läßt. Das wiederum hängt davon ab, ob der Angeklagte die von ihm ausgewählte Person als zur sachgemäßen Führung der Verteidigung geeignet ansehen durfte. Das Gesetz selbst geht offenbar davon aus, daß auch Nicht-Rechtsanwälte zur Verteidigung geeignete Personen sein können (vgl. § 138 II). Die Genehmigungspflicht des Gerichts

---

auch ein Rechtskonsulent staatlich zugelassen sei. Auch Strauß GS 108, 41 (48) spricht nur allgemein von staatlicher Zulassung.

[20]) Vgl. auch: Loewenheim NJW 1947/48, 516 (517).

[21]) Siehe auch: RG JW 1927, 842 (843).

[22]) So: Strauß GS 108, 41 (48); OLG Breslau DStrR. 1934, 268; anscheinend auch: OLG Hamburg JW 1930, 666 Nr. 40; HRR 1932 Nr. 1180; Erbs VI B 3 zu § 44.

[23]) Richtig: Schmidt 14 zu § 44; Löwenstein JW 1926, 1239 zu Nr. 9; JW 1930, 3429 (3430) zu Nr. 8; Rilk JW 1934, 172 (173) zu Nr. 21; Auch RGStr. 70, 186 (192) sagt nur, daß der Angeklagte die Fähigkeit des zugelassenen Anwalts „regelmäßig" nicht nachprüfen könne.

[24]) Vgl. OVG Nordrhein-Westfalen Verw. Rspr. 1951 Nr. 115.

[25]) Siehe: OLG: Gera NJ 1947, 107; Kiel SchlHA 1948, 146.

[26]) Richtig: Löwenstein JW 1930, 3429 f. zu Nr. 8; auch: OLG Rostock Alsb. E. I, 137 (138).

dient gerade der Ausscheidung ungeeigneter Persönlichkeiten. Einer Person, der das Gericht die Verteidigung gestattet hat, darf auch der Angeklagte, ohne daß ihm der Vorwurf mangelnder Sorgfalt gemacht werden könnte, seine Interessen anvertrauen, es sei denn, die Ungeeignetheit und Unzuverlässigkeit des Verteidigers ist ihm positiv bekannt. Eine gegenteilige Ansicht würde den praktischen Wert der Vorschrift des § 138 II beeinträchtigen, weil so mancher Angeklagte nicht das Risiko eingehen könnte, grundsätzlich für ein Verschulden seines nicht dem Stande der zugelassenen Rechtsanwälte angehörigen Verteidigers haften zu müssen.

Abschließend ist noch die Frage zu klären, ob der Angeklagte sich ein Verschulden seines Verteidigers auch dann nicht anrechnen zu lassen braucht, wenn der Verteidiger als V e r t r e t e r tätig geworden ist [27]).

Soweit auf dieses Problem ausdrücklich eingegangen wird, will man den Angeklagten für Verschulden eines Verteidigers, der Vertreterfunktion ausübt, haften lassen [28]). Dieser Auffassung müssen wohl auch diejenigen folgen, die zwar nicht ausdrücklich Stellung beziehen, aber den Grund für die Nichtanwendung des § 232 II ZPO auf das Verhältnis Angeklagter-Verteidiger darin sehen, daß der Verteidiger kein Vertreter des Angeklagten ist [29]).

Aber diese auf dem formalen Gegensatz Verteidiger-Vertreter beruhende Lehre wird der Lage des Angeklagten nicht gerecht. Seine Freistellung von einer Haftung für Verteidigerverschulden beruht nicht primär darauf, daß der Verteidiger kein Prozeßvertreter im technischen Sinne ist — mag auch dieser Umstand zusätzlich gegen eine analoge Anwendung des § 232 II ZPO sprechen. Ausschlaggebend ist vielmehr, daß das Interesse des Angeklagten, sich in seinem Kampf für Ehre und Freiheit nicht behindert zu sehen, und das korrespondierende öffentliche Interesse, die Verurteilung Unschuldiger zu vermeiden, den Geboten der Rechtssicherheit vorgehen muß [30]). Beachtet man dies, dann kann es keinen Unterschied machen, ob der Verteidiger als Vertreter für den Angeklagten tätig wird oder nicht. Die Interessenlage, die gegen eine Haftung des Angeklagten für Fremdverschulden spricht, ist in beiden Fällen gleich.

---

[27]) Das ist möglich in den Fällen der §§ 234, 329, 350, 387, 411 II und 413 II. Vgl. auch: §§ 281 und 286.

[28]) So: Friedrichs JW 1930, 103 (104); Strauß GS 108, 41 (44, 48); Drucker JW 1928, 756 zu Nr. 54.

[29]) Vgl. BayrObLG JZ 1952, 429 (430); OLG Hamburg JW 1930, 666 Nr. 40; Hess. VGH Verw. Rspr. 1952 Nr. 187; Köhler GS 53, 321 (323); Ewald GA 36, 80 (82); Siegel GS 42, 277 (279).

[30]) Richtig: OLG: Hamburg HEStr. 2, 75; Braunschweig NJW 1954, 1619 Nr. 29; Düsseldorf JMBlNRW 1951, 209; Schleswig Holstein SchlHA 1954, 209 (210); Hamburg JR 1955, 31 (32); Naumann DV 1948/49, 9 (11); Schönke SJZ 1947, 678 ff.

III. Müssen der Privat- und Nebenkläger sowie der Antragsteller nach § 172 StPO für eine schuldhafte Fristversäumnis ihres Prozeßvertreters einstehen?

Die Haftung des Privatklägers für ein Verschulden seines Prozeßvertreters war praktisch so lange unproblematisch, als auch der Angeklagte noch für eine verschuldete Fristversäumnis seines Verteidigers einzustehen hatte. Der Privatkläger konnte selbstverständlich nicht besser gestellt werden [31]). Zweifel wurden erst laut, nachdem das Reichsgericht in der Entscheidung RGStr. 70, 186 ff. den Angeklagten von einer Haftung für schuldhafte Fristversäumnis seines Verteidigers freigestellt hatte.

Gegenwärtig sind drei Meinungen zu dem Problem erkennbar:

Überwiegend wird dem Privatkläger ein Verschulden seines Rechtsanwaltes zugerechnet [32]), ebenso wie dem Nebenkläger [33]) und dem Antragsteller nach § 172 [34]).

Eine Mindermeinung will den Privatkläger ebensowenig für ein Verschulden seines Anwalts haften lassen wie den Angeklagten [35]).

Das Oberlandesgericht Hamm [36]) hält eine Anrechnung des Vertreterverschuldens jedenfalls dann nicht für statthaft, wenn der Privatkläger sich für bestimmte Prozeßhandlungen eines Anwaltes bedienen „muß". Die herrschende Lehre geht nur selten auf diese Auffassung ein und lehnt sie entweder ausdrücklich ab [37]) oder läßt die Frage unentschieden [38]). Das Kammergericht [39]) und ihm folgend

---

[31]) Vgl. z. B. BayrObLG Alsb. E. I, 141 f. Nr. 159 a; OLG Stuttgart Jb. Württ. Rpfl. 4, 316 (320); Strauß GS 108, 41 (44 f.); damals schon anders: Beling JW 1925, 1543 (1544) zu Nr. 8; Ewald GA 36, 80 (86); Siegel GS 42, 277 (288).

[32]) So: BayrObLG JZ 1952, 429 ff.; OLG: Braunschweig NJW 1954, 1619 Nr. 29; Düsseldorf JMBlNRW 1951, 209; Hamburg NJW 1947/48, 534; HEStr. 2, 75; NJW 1953, 38; JR 1955, 31 (32); Köln JR 1952, 484; Schleswig Holstein SchlHA 1954, 209 f.; LG Kiel SchlHA 1948, 209 (210); Hess. VGH Verw. Rspr. 1952 Nr. 187; Löwe-Rosenberg 13 e zu § 44; KMR 3 c zu § 44; Dalcke 4 zu § 44; Erbs VI B 3 zu § 44; Loewenheim NJW 1947/48, 516 ff.; Naumann DV 1948/49, 9 (10); Poppe NJW 1953, 1500 (1501).

[33]) So: OLG Hamburg JR 1955, 31 (32); Braunschweig NJW 1954, 1619 Nr. 29; Hess. VGH Verw. Rspr. 1952 Nr. 187; Löwe-Rosenberg 13 e zu § 44; KMR 3 c zu § 44; Dalcke 4 zu § 44; Poppe NJW 1953, 1500 (1501).

[34]) So: OLG: Hamburg JR 1955, 31 (32); Braunschweig NJW 1954, 1619 Nr. 29; Hess. VGH Verw. Rspr. 1952 Nr. 187; KMR 3 c zu § 44; Poppe NJW 1953, 1500 (1501); Naumann DV 1948/49, 9 (10 f.).

[35]) So: Schmidt 15 zu § 44; Schwarz 3 D zu § 44; Rutkowsky NJW 1953, 38 f.; Schönke JZ 1952, 431; ebenso: Beling, Ewald und Siegel (siehe Anmerkung 31) auf dieser Seite).

[36]) OLG Hamm NJW 1951, 854 Nr. 24; JMBlNRW 1952, 16 Nr. 5.

[37]) So: BayrObLG JZ 1952, 429 (430 f.); OLG Hamburg JR 1955, 31 (32); KMR 3 c zu § 44.

[38]) So: OLG Köln JR 1952, 484; OLG Schleswig Holstein SchlHA 1954, 209 (210).

[39]) KG HEStr. 1, 163 Nr. 54.

Dallinger[40]) wollen zumindest einem Antragsteller nach § 172 ein Verschulden seines Vertreters nicht anrechnen.

Die Methodik, deren die überwiegende Meinung sich zur Rechtfertigung ihrer Ansicht bedient, ist uneinheitlich. Während zumeist § 232 II ZPO analog angewendet wird[41]), ist vereinzelt nur die Rede von einer „Auslegung" des § 44[42]). Manche sprechen sogar von Auslegung des § 44 oder speziell von einer Auslegung des Begriffes „unabwendbarer Zufall" und zugleich von einer analogen Anwendung des § 232 II ZPO[43]). Hier ist der grundlegende Unterschied zwischen Auslegung und Analogie[44]) verwischt. Zuweilen scheint auch eine richtige Erkenntnis vom Wesen der Analogie zu fehlen. Zum Beispiel wird in einigen Entscheidungen, die sich auf eine analoge Anwendung des § 232 II ZPO stützen[45]), die Haftung des Privatklägers für Vertreterverschulden auch damit begründet, daß sie sich aus dem „Begriff der Prozeßvertretung" ergebe. Wenn jedoch jene Haftung schon unmittelbar dem prozessualen Vertretungsbegriff entfließt, dann ist nicht einzusehen, wieso es noch des analogen Rückgriffs auf § 232 II ZPO bedarf[46]).

Was zunächst eine Auslegung des § 44 betrifft[47]), so ist der Versuch, Erkenntnisse aus dem Begriff des unabwendbaren Zufalls zu gewinnen[48]), schon im Ausgangspunkt verfehlt. Für den Antragssteller ist die verschuldete Fristversäumnis dritter Personen stets ein unabwendbarer Zufall, falls er die Säumnis nicht mitverschuldet hat[49]). Eine weitere Frage ist, inwieweit er für Drittverschulden einzustehen hat. Es handelt sich hier um das Problem einer Haftung für Fremdverschulden trotz eigener Schuldlosigkeit[50]).

[40]) Dallinger JZ 1953, 432 (440) und Fußnote 72 daselbst.

[41]) Vgl. BayrObLG JZ 1952, 429 (430); OLG: Köln JR 1952, 484; Schleswig Holstein SchlHA 1954, 209 (210); auch: Hess. VGH Verw. Rspr. 1952 Nr. 187; Bayr. VGH Verw. Rspr. 1949 Nr. 110; im Schrifttum vgl.: KMR 3 c zu § 44; Friedlaender JW 1927, 842 f. zu Nr. 6; Naumann DV 1948/49, 9 (10); Bauer Verw. Rspr. 1949, Seite 516 Nr. 30.

[42]) So: OLG Braunschweig NJW 1954, 1619 Nr. 29; OLG Hamburg JR 1955, 31 (32); NJW 1953, 38; Loewenheim NJW 1947/48, 516 ff.

[43]) Vgl. OLG Hamburg HEStr. 2, 75; LG Kiel SchlHA 1948, 209 (210); Poppe NJW 1953, 1500 (1501).

[44]) Diese beginnt erst dort, wo jene aufhört; vgl. dazu auch: Lehmann 56 oben sowie Peters 71 ff. (74).

[45]) Siehe: Hess. VGH Verw. Rspr. 1952 Nr. 187; OVG Nordrhein-Westfalen Verw. Rspr. 1951 Nr. 115; VG Stuttgart DVBl. 1952, 475 f.; Friedlaender JW 1927, 842 (843) zu Nr. 6.

[46]) Richtig: Preuß. OVG. 103, 260 (263 f.).

[47]) Nur von einer „Auslegung" des § 44 sprechen: OLG Hamburg NJW 1953, 38; JR 1955, 31 (32); LG Kiel SchlHA 1948, 209 (210).

[48]) So: OLG Hamburg HEStr. 2, 75; OLG Schleswig Holstein SchlHA 1954, 209 (210); Loewenheim NJW 1947/48, 516 (517).

[49]) Richtig: RGStr. 70, 186 (191).

[50]) Beling JW 1925, 1543 (1544) zu Nr. 8, bemerkt sehr richtig, daß Vertreterschulden dem Vertretenen nur mittels einer Fiktion als eigenes zugerechnet werden könne.

Im allgemeinen wird dies auch richtig erkannt. Das zeigen Formulierungen wie [51]): Vertreterschulden sei nicht als ein unabwendbarer Zufall für den Privatkläger „anzusehen" oder „stelle sich nicht dar" als ein solcher, eine Ausdrucksweise, die sich an § 232 II ZPO anlehnt [52]). Klarer noch sind Redewendungen wie: der Privatkläger müsse das Verschulden seines Vertreters „gegen sich gelten lassen" [53]), sich „zurechnen" [54]) oder „anrechnen" [55]) lassen.

Es ist wenig konsequent, wenn sich dieser Ausdrücke auch diejenigen bedienen, die von einer Auslegung des Begriffs des unabwendbaren Zufalls sprechen. Sie scheinen also doch nicht „auszulegen", sondern behandeln die Angelegenheit — unbewußt richtig — als ein Zurechnungsproblem. Eine Ausnahme bildet nur Loewenheim [56]). Er hält die „Hineinziehung der Interessenlage in die Auslegung des Begriffs unabwendbarer Zufall" für ein „gewisses" Abgehen von dem sonst anerkannten Grundsatz, daß es auf die persönlichen Verhältnisse der Beteiligten ankommt. Das ist sachlich nicht unrichtig. Die Interessenlage, die für die „Zurechnungsfrage" von Bedeutung ist, spielt bei der Auslegung des Begriffs unabwendbarer Zufall tatsächlich keine Rolle. Aber um diese Auslegung geht es eben nicht. Es ist verwunderlich, daß Loewenheim nicht durch seine eigene Argumentation darauf aufmerksam geworden ist.

Eine Auslegung des § 44 ist in diesem Zusammenhang jedoch insofern berechtigt, als zu prüfen ist, ob die Strafprozeßordnung dem Haftungsprinzip des § 232 II ZPO Anerkennung gewährt oder versagt.

Eine prinzipielle Anerkennung dieses Prinzips in § 44 setzen ersichtlich diejenigen voraus, die behaupten, zu einer „erweiternden" Auslegung des § 44 wie beim Angeklagten bestehe im Falle des Privatklägers keine Veranlassung [57]). Sie müssen also der Ansicht sein, daß eine „nicht erweiternde" Auslegung dieser Vorschrift jenes Haftungsprinzips offenbare.

---

[51]) Siehe: OLG Hamburg NJW 1953, 38; JR 1955, 31 (32); OLG Stuttgart Jb. Württ. Rpfl. 4, 316 (320); BayrObLG Alsb. E. I, 141 (142) Nr. 159 a; Löwe-Rosenberg 13 e zu § 44; Dalcke 4 zu § 44; Poppe NJW 1953, 1500 (1501).

[52]) In § 232 II ZPO heißt es, daß eine Versäumung, die in dem Verschulden eines Vertreters ihren Grund habe, „als eine unverschuldete nicht angesehen" werden könne.

[53]) So: OLG Hamburg NJW 1947/48, 534; HEStr. 2, 75; OLG Braunschweig NJW 1954, 1619 Nr. 29.

[54]) So: LG Kiel SchlHA 1948, 209 (210); Loewenheim NJW 1947/48, 516 (517).

[55]) So: OLG: Hamm JMBlNRW 1952, 16 Nr. 5; Köln JR 1952, 484; Schleswig Holstein SchlHA 1954, 209 (210); BayrObLG JZ 1952, 429 (430); KMR 3 c zu § 44; Erbs VI B 3 zu § 44; Naumann DV 1948/49, 9 (10).

[56]) Loewenheim NJW 1947/48, 516 (517).

[57]) So: OLG Hamburg NJW 1953, 38; JR 1955, 31 (32); LG Kiel SchlHA 1948, 209 (210).

Aber § 44 enthält nicht den geringsten Hinweis, daß grundsätzlich auch für Fremdverschulden gehaftet werde. Seinem Wortlaut ist nichts zu entnehmen. Das Bayrische Oberste Landesgericht [58]) meint zwar, die Aufnahme einer dem § 232 II ZPO entsprechende Bestimmung in die Strafprozeßordnung sei nur deswegen unterblieben, weil eine solche Vorschrift für den Hauptfall der „Verbeistandung" im Strafprozeß, den Verteidiger, gegenstandslos geblieben wäre. Die Entstehungsgeschichte der Strafprozeßordnung bestätigt diese Meinung jedoch nicht, da Motive und Protokolle schweigen. Die Protokolle zum Entwurf 1908 [59]) sprechen sogar gegen das Bayrische Oberste Landesgericht.

Andererseits wird man dem § 44 aber auch nichts dafür entnehmen können, daß der Gedanke des § 232 II ZPO im Strafprozeß nicht gelten soll. Ewald [60]) ist zwar der Ansicht, daß, da das Obertribunal im Jahre 1870 Verschulden eines Rechtsanwaltes dem Vertretenen im Strafverfahren für anrechenbar erklärt habe, der Gesetzgeber, wenn er dieser Auffassung hätte folgen wollen, die Aufnahme einer entsprechenden Bestimmung in die Strafprozeßordnung hätte veranlassen müssen. Abgesehen davon, daß man hieraus, wenn überhaupt einen, dann eher den gegenteiligen Schluß ziehen müßte, sind derart unfundierte Spekulationen über die Entstehung eines Gesetzeswerks wenig sinnvoll.

Die Fassung der Strafprozeßordnung läßt in Hinblick auf die uneinheitliche Regelung der Haftungsfrage in den verschiedenen Prozeßgesetzen überhaupt keinen sicheren Schluß zu [61]). Während die §§ 86 AO und 22 II Satz 2 FGG eine dem § 232 II ZPO entsprechende Bestimmung enthalten, ist zum Beispiel in § 36 I VO 165 eine Haftung ausdrücklich nur für eigenes Verschulden angeordnet [62]). Seit jeher hat man auch zu den Gesetzen, in denen die Haftungsfrage nicht ausdrücklich geregelt war, sehr unterschiedliche Schlüsse aus dem Schweigen des Gesetzes gezogen. Zum Beispiel wurde im Aufwertungsrecht aus dem Fehlen einer dem § 232 II ZPO entsprechenden Vorschrift gefolgert, daß für Vertreterverschulden nicht gehaftet

---

[58]) BayrObLG JZ 1952, 429 (430).

[59]) Vgl. Protokolle I 507—512; II 231—234, 409. Die Kommission machte keinen Unterschied zwischen „Verbeistandung" und Vertretung. Sie empfahl die Aufnahme einer Bestimmung in das Gesetz, daß Verschulden eines Vertreters (worunter auch der Verteidiger verstanden wurde) kein unabwendbares Ereignis für den Vertretenen darstelle: siehe a. a. O. II 409.

[60]) Ewald GA 36, 80 (83).

[61]) Aus dem Schweigen der Strafprozeßordnung sind dennoch des öfteren bestimmte Schlüsse gezogen worden, zum Beispiel von: RGStr. 70, 186 (191); OLG Rostock Alsb. E. I. 137 f. Nr. 156; Löwenstein JW 1930, 3429 zu Nr. 8.

[62]) So richtig: OVG Nordrhein-Westfalen Verw. Rspr. 1951 Nr. 115; anders aber: OVG Hamburg MDR 1950, 440; LVG Hannover Verw. Rspr. 1949 Nr. 85.

werde [63]). Vereinzelt ist aus demselben Grunde dieselbe Folgerung auch für § 33 VGG [64]) und § 4 des Kündigungsschutzgesetzes vom 10. 8. 1951 [65]) gezogen worden. Die herrschende Lehre zu § 33 VGG versagt sich jedoch diesem Umkehrschluß [66]), und zu § 4 des Kündigungsschutzgesetzes ist gleichfalls abweichend entschieden worden [67]). Überzeugendes wird man also aus dem Schweigen der Strafprozeßordnung nicht herleiten können.

Von einer Auslegung des § 44 aber auch von einer analogen Anwendung des § 232 II ZPO wohl zu unterscheiden ist die Frage, ob, wie manche behaupten [68]), die Haftung für Vertreterverschulden aus dem Wesen der Prozeßvertretung folgt. Daß es sich hierbei n u r um eine Ausdeutung des Begriffs der Prozeßvertretung handelt, haben allerdings lediglich Siegel [69]) und das Preußische Oberverwaltungsgericht [70]) klar erkannt, während die anderen hierin zu Unrecht ein Analogieproblem sehen [71]).

Zur Begründung stützt sich diese Lehre im allgemeinen auf die §§ 80, 81 und 85 ZPO [72]):

In § 81 und vor allem § 85 sei das Wesen der Prozeßvertretung als volle Repräsentation der Partei durch ihren Vertreter festgelegt, und § 232 II ZPO enthalte nur eine nähere Ausgestaltung dieses Grundatzes. § 232 II ZPO sei nichts anderes als eine Konsequenz aus der in § 85 ZPO zum Ausdruck gekommenen Lehre von der „unitas personarum" [73]), der prozeßrechtlichen „Identität" [74]) zwischen Vertreter und Vertretenem, ein Ausfluß des Repräsentationsprinzips [75]).

Richtig und allgemein anerkannt ist, daß § 85 ZPO den Reprä-

---

[63]) Vgl. RG JW 1928, 3041 Nr. 9; BayrObLG JW 1928, 914 Nr. 2; JW 1929, 670 Nr. 3; KG JW 1927, 2630 Nr. 1; OLG Stuttgart JW 1928, 665 (666).

[64]) Vgl. Hess. VGH Verw. Rspr. 1949 Nr. 30 und 1951 Nr. 30.

[65]) Vgl. LAG Bremen BB 1952, 492 r. Sp.; ArbG Göttingen BB 1952, 492 r. Sp.

[66]) Vgl. Hess. VGH (Plenarentscheidung) Verw. Rspr. 1952 Nr. 187 u. a.

[67]) Vgl. LAG Hannover BB 1952, 492 l. Sp. unten.

[68]) So: Preuß. OVG. 103, 260 (263 ff.); Bayr. VGH Verw. Rspr. 1949 Nr. 110; Hess. VGH Verw. Rspr. 1952 Nr. 187; OVG Nordrhein-Westfalen Verw. Rspr. 1951 Nr. 115; VG Stuttgart DVBl. 1952, 475 f.; auch: BayrObLG JZ 1952, 429 (430).

[69]) Siegel GS 42, 277 (278 f.).

[70]) Preuß. OVG. 103, 260 (263 f.).

[71]) So zum Beispiel: Hess. VGH Verw. Rspr. 1952 Nr. 187.

[72]) Vgl. Hess. VGH Verw. Rspr. 1952 Nr. 187; OVG Nordrhein-Westfalen Verw. Rspr. 1951 Nr. 115; VG Stuttgart DVBl. 1952, 475; auch: BGHZ 2, 205 (206).
Friedlaender JW 1927, 842 (843) zu Nr. 6, begnügt sich allerdings mit einem Hinweis auf „unser Rechtsempfinden".

[73]) Siehe: Ewald GA 36, 80 (82).

[74]) OLG Rostock GA 40, 185 (187); Thilo 8 zu § 44.

[75]) BGHZ 2, 205 (206); Siegel GS 42, 277 (279).

sentationsgedanken verkörpert. Zutreffend ist auch, daß der Repräsentationsgedanke des § 85 ZPO jeder prozessualen Vertretung anhaftet, also auch der strafprozessualen. Anlaß zur Kritik bietet aber die Behauptung, daß nach dem Sinn der §§ 81 und 85 ZPO „zwingend" [76]) auch Unterlassungen des Vertreters dem Vertretenen zuzurechnen seien und dies bisher noch nicht bestritten worden sei [77]).

Soweit ersichtlich ist allerdings jene Lehre nicht ausdrücklich bekämpft worden. Aber ablehnend müssen ihr doch alle diejenigen gegenüberstehen, die in § 232 II ZPO eine grundsätzlich eng auszulegende und nur für das Zivilprozeßverfahren gültige Ausnahmebestimmung sehen und leugnen, daß es einen allgemeinen Grundsatz der Haftung für Vertreterverschulden gebe [78]), oder die sogar ausdrücklich die Geltung eines entgegengesetzten Gedankens verfechten, daß jeder nur für eigenes Verschulden einzustehen habe [79]). Zu den Gegnern jener Lehre müssen fernerhin die gerechnet werden, die § 232 II ZPO nur insoweit anwenden wollen, als der Vertretene in der Lage war, seinen Vertreter zu beaufsichtigen [80]), was nach Friedrichs [81]) stillschweigende Voraussetzung der Anwendbarkeit des § 232 II ZPO ist. Eine derart bedingte Haftung ließe sich nicht aus dem in § 85 ZPO niedergelegten Begriff der Prozeßvertretung ableiten, da, wie allgemein anerkannt ist, die Fremdwirkung des Vertreterhandelns nicht davon abhängig ist, daß der Vertretene seinen Vertreter beaufsichtigen kann [82]).

Die These, § 232 II ZPO sei eine begriffsnotwendige Folgerung

---

[76]) So: VG Stuttgart DVBl. 1952, 475.

[77]) So: Hess. VGH Verw. Rspr. 1952 Nr. 187.

[78]) Vgl. KG JW 1927, 2630 Nr. 1; Hess. VGH Verw. Rspr. 1951 Nr. 30; Schönke JZ 1952, 431; Rilk JW 1934, 172 zu Nr. 21; Friedlaender JW 1928, 430 zu Nr. 20.

[79]) Vgl. OLG Rostock Alsb. E. I, 137 f. Nr. 156.

[80]) Vgl. RG JW 1927, 842 (843); Rilk JW 1934, 172 (173) zu Nr. 21; auch: OSprGH Spr. Ger. 1948, 55; Unentschieden: BayrObLG JZ 1952, 429 (431).

[81]) Friedrichs JW 1930, 103 (104).

[82]) Die Lehre, daß die Haftung für Vertreterverschulden von der Möglichkeit der Beaufsichtigung des Vertreters abhänge, ist nicht herrschend. Dagegen haben sich ausgesprochen: Friedlaender JW 1927, 842 (843) zu Nr. 21. Auch RG JW 1935, 2430 (2431) wendet sich ausdrücklich gegen RG JW 1927, 842 f. (siehe oben Anmerkung 80)) und meint, diese Entscheidung sei nur auf die Besonderheit des damals entscheidenden Falles zugeschnitten gewesen.

Inkonsequenterweise billigt auch das Preuß. OVG. 103, 260 (265 f.) jene Lehre, obwohl es die Haftung für Vertreterverschulden aus dem Wesen der Prozeßvertretung ableitet.

Daß die Haftung nach § 232 II ZPO nicht durch eine Einwirkungsmöglichkeit des Vertretenen auf seinen Vertreter bedingt ist, beweist schon die Tatsache, daß auch für Verschulden eines gesetzlichen Vertreters gehaftet wird, der nicht beaufsichtigt werden kann: vgl. Friedlaender JW 1927, 842 (843) zu Nr. 6; auch: RG JW 1935, 2430 (2431); KG HEStr. 1, 162, 163; OLG Breslau DStrR. 1934, 268; Volkmar LAG. 28, 83.

aus den §§ 81 und 85 ZPO, also aus dem Begriffe der Prozeßvertretung, ist nicht haltbar. § 81 ZPO regelt den Umfang der Prozeßvollmacht, § 85 ZPO beschäftigt sich mit den Folgen des Vertreterhandelns. § 85 ZPO bezieht sich jedoch nur auf Prozeßhandlungen, die der Vertreter im Rahmen seiner Vollmacht vorgenommen hat. Die in § 85 ZPO statuierte Fremdwirkung des Vertreterhandelns beruht also auf der dem Vertreter übertragenen Rechtsmacht, der Vollmacht [83]). § 85 ZPO schweigt jedoch über die Wirkungen eines nicht durch eine Vollmacht gedeckten Verhaltens eines Vertreters. Aus § 85 ZPO muß vielmehr geschlossen werden, daß eine Fremdwirkung nicht eintritt, sofern der Vertreter sich nicht auf eine Bevollmächtigung stützen kann. Auf Nichthandeln innerhalb einer Frist — und darauf beruht jede Fristversäumnis — bezieht sich entgegen der Ansicht von Siegel [84]) eine Prozeßvollmacht aber nicht. Das geht schon aus § 81 ZPO hervor, der nur Prozeß**handlungen** im Auge hat. Die Wirkung eines Nichthandelns innerhalb einer Frist ist jedoch nicht davon abhängig, daß diese Unterlassung Handlungscharakter hatte. Sie beruht vielmehr einfach darauf, daß innerhalb eines bestimmten Zeitraumes etwas nicht geschehen ist. Ob der Unterlassende zu einem Tun überhaupt fähig war, ist unerheblich [85]).

Eine etwaige Haftung des Vertretenen für eine schuldhafte Fristversäumnis seines Vertreters hat sonach, da der Säumnis Prozeßhandlungscharakter fehlt, mit dem Begriff der Prozeßvertretung unmittelbar nichts zu tun. Sie gründet sich vielmehr auf die Vorschrift des § 232 II ZPO [86]). Diese Bestimmung hat also rechtschaffenden Charakter.

Für die Vertreter der hier bekämpften Auffassung muß § 232 II ZPO überhaupt eine überflüssige Vorschrift lediglich deklaratorischen Charakters sein, da nach ihrer Meinung für schuldhafte Fristversäumnis des Vertreters schon aus dem Gesichtspunkt des § 85 ZPO, der prozessualen Repräsentation also, gehaftet wird. Das Verwaltungsgericht Stuttgart [87]) ist daher nur konsequent, wenn es als gesetzliche Grundlage jener Haftung nur den § 85 ZPO anführt. Siegel [88]) erklärt sogar betont, die ausdrückliche gesetzliche Hervorhebung des dem § 210 II ZPO (jetzt § 232 II ZPO) zugrundeliegenden Gedankens habe man auch nur für nötig gehalten, weil in einzelnen, zur Zeit der Beratung des Entwurfs einer Zivilprozeßordnung geltenden Pro-

[83]) Siehe: OVG Nordrhein-Westfalen Verw. Rspr. 1951 Nr. 115.
[84]) Siegel GS 42, 277 (279).
[85]) Die Wirkungen einer Säumnis treffen auch den völlig Handlungsunfähigen.
[86]) Vgl. auch: Friedlaender JW 1928, 430 zu Nr. 20.
[87]) VG Stuttgart DVBl. 1952, 475.
[88]) Siegel GS 42, 277 (279).

zeßgesetzen die Nachlässigkeit eines Prozeßvertreters für den Vertretenen einen Restitutionsgrund gebildet habe. Aber diese Rechtfertigung des § 232 II ZPO ist wenig überzeugend.

Aus dem Wesen der Prozeßvertretung läßt sich eine Haftung des Privatklägers für eine schuldhafte Fristversäumnis seines Prozeßvertreters also nicht ableiten.

Innerhalb der herrschenden Lehre am meisten verbreitet ist die Auffassung, § 232 II ZPO enthalte einen im ganzen Prozeßrecht geltenden Rechtsgedanken [89]). Methodisch lassen sich auch hier wieder zwei Wege unterscheiden: die einen sprechen diesem Rechtsgedanken ohne weiteres, also ohne analoge Anwendung des § 232 II ZPO, Rechtsgeltung zu [90]), die anderen begründen auf ihn die analoge Anwendung des § 232 II ZPO im Strafverfahren [91]).

Diese Unterscheidung ist an sich wohlbegründet. Es gibt in der Tat allgemeine Rechtsgedanken, die sich ohne eine gesetzliche Regelung durchsetzen [92]). Auf der anderen Seite ist jedoch zu bedenken, daß auch eine Analogie nur dann statthaft ist, wenn die analog anzuwendende Bestimmung einen Rechtsgrundsatz allgemeinerer Art verkörpert [93]).

Praktisch ist die Unterscheidung kaum zu vollziehen, so daß es gerechtfertigt erscheint, das Problem unter dem Gesichtspunkt der Analogie weiter zu verfolgen. Dabei ist zunächst zu untersuchen, welcher Gedanke dem § 232 II ZPO zugrundeliegt, ob dieser Gedanke allgemein gilt und ob, falls ja, eine gewisse Gleichheit der Interessenlage seine Übertragung auf das Verhältnis des Privatklägers zu seinem Prozeßvertreter rechtfertigt.

Die Meinungen über den gesetzgeberischen Grundgedanken des § 232 II ZPO sind geteilt.

Der Bundesgerichtshof hat ausgesprochen [94]), § 232 II ZPO beruhe auf dem Gedanken, daß eine Partei für eine Person ihres Vertrauens einzustehen habe. Dagegen spricht jedoch, daß dieser Vorschrift auch Fälle gesetzlicher Vertretung unterliegen, bei denen kein Vertrauensverhältnis besteht oder zu bestehen braucht.

---

[89]) Vgl. vor allem: RGZ 158, 357 (361); BayrObLG JZ 1952, 429 ff.; Bayr. VGH Verw. Rspr. 1949 Nr. 110; Hess. VGH Verw. Rspr. 1952 Nr. 187; Naumann DV 1948/49, 10); auch: Jonas JW 1932, 1350 zu Nr. 8.

[90]) So wohl: OLG: Köln JR 1952, 484; Schleswig Holstein SchlHA 1954, 209 (210); Bayr. VGH Verw. Rspr. 1949 Nr. 110; LVG Hannover Verw. Rspr. 1949 Nr. 85; Naumann DV 1948/49, 9 (10).

[91]) So: BayrObLG JZ 1952, 429 (430); OLG: Hamburg JR 1955, 31 (32); Braunschweig NJW 1954, 1619 Nr. 29; Hess. VGH Verw. Rspr. 1952 Nr. 187; KMR 3 c zu § 44.

[92]) Das gilt zum Beispiel von dem Grundsatz von „Treu und Glauben". Vgl. auch: KG JW 1927, 2630 Nr. 1.

[93]) Vgl. hierzu: Lehmann 55 f.

[94]) BGH LM § 232 ZPO Nr. 14.

Beachtenswerter sind zwei rechtspolitische Erwägungen:

Die eine geht dahin, der Gesetzgeber habe mit § 232 II ZPO einer Lockerung der Fristenwahrung entgegentreten wollen [95]). Ob hierin aber wirklich Zweck und Rechtfertigung des § 232 II ZPO liegt, ist sehr fraglich. Die Besorgnis, daß ohne § 232 II die Sorgfalt der Prozeßvertreter in der Einhaltung von Fristen nachlassen und sie mißbräuchlich ein Verschulden des Vertretenen auf sich nehmen könnten [96]), ist nicht hoch zu veranschlagen. Bei einem Rechtsanwalt [97]) als Prozeßvertreter darf darauf vertraut werden, daß er in der Regel auch ohne gesetzlichen Zwang seinen Berufspflichten nach bestem Vermögen nachkommen und sich insbesondere sorgfältiger Tätigkeit befleißigen wird [98]). Notfalls reicht eine straffe Handhabung der Ehrengerichtsbarkeit aus [99]). Der Zwang zu sorgfältiger Fristenwahrung, den § 232 II ZPO auszuüben vermag, ist zudem kein unmittelbarer. Nur mittelbar wirkt sich diese Bestimmung auf den Prozeßvertreter aus, insofern ihn bei verschuldeter Fristversäumnis gegenüber dem für Vertreterverschulden haftenden Vertretenen eine Schadensersatzpflicht treffen kann. Aber diese Ersazpflicht ist unvollkommen. Sie tritt regelmäßig dann nicht ein, wenn Gegenstand des Prozesses immaterielle Güter waren. Zudem begründet ein Verschulden im Sinne des Wiedereinsetzungsrechts nicht notwendig ein zivilrechtliches Verschulden. Der Verschuldensbegriff des materiellen Rechts ist mit dem des Wiedereinsetzungsrechts nicht identisch. Es verbleibt vielmehr ein Spielraum, in dem zwar ein Verschulden im Sinne der Wiedereinsetzungsvorschriften, aber nicht im materiellrechtlichen Sinne und somit auch keine Schadensersatzpflicht begründet ist [100]). Schon diese Überlegungen zeigen, daß § 232 II ZPO nur sehr unvollkommen einen Druck in Richtung sorgfältiger Fristenwahrung auszuüben vermag.

Überhaupt ist nicht einzusehen, warum einer Lockerung der Fristenwahrung entgegengetreten werden sollte. Die Versäumung einer Frist

---

[95]) So: BayrObLG JZ 1952, 429 (430); KG HEStr. 1, 162 f. Nr. 53; OLG Köln JR 1952, 484; LG Limburg SJZ 1949, 69 (70); LG Kiel SchlHA 1948, 209 (210); Jonas JW 1932, 1350 zu Nr. 8.

[96]) Siehe: BayrObLG Seuff. Bl. 66, 236; Protokolle II, 233.

[97]) Andere Personen als Rechtsanwälte kommen als Prozeßvertreter im Zivilprozeßverfahren und im Strafprozeß kaum in Betracht.

[98]) Zutreffend: OLG Breslau DStrR. 1934, 268; auch: v. Schwarze 4 zu § 44 („behauptete" Gefahr des Mißbrauchs); OVG Nordrhein-Westfalen Verw. Rspr. 1951 Nr. 115. („. . es kann auch nicht unterstellt werden, daß ohne § 232 II ZPO der Vertreter nicht sorgfältig genug ist": so Hess. VGH Verw. Rspr. 1951 Nr. 30).

[99]) Richtig: LG Limburg SJZ 1949, 69 (70).

[100]) Im Zivilrecht wird grundsätzlich nur für Vorsatz und Fahrlässigkeit gehaftet, vgl. § 276 BGB. Verschulden im Sinne des Wiedereinsetzungsrechts reicht jedoch darüberhinaus bis zur höheren Gewalt: siehe Rosenberg 331 f.

beeinträchtigt die Rechtssicherheit noch nicht. Der Ablauf einer Frist schafft sogar eine klarere Rechtslage als ihre Einhaltung. Gefährdet wird die Rechtssicherheit erst dann, wenn die durch Fristablauf geschaffene eindeutige Rechtslage wieder beseitigt werden kann. Die Möglichkeit einer Beseitigung von Versäumnisfolgen objektiv einzuschränken, ist die Aufgabe des § 232 II ZPO. Durch diese einschränkende Funktion dient er der Rechtssicherheit. Auf Rechtssicherheit kommt es aber besonders im Verfahrensrecht an. Insofern § 232 II ZPO diesem Gebot dient, verkörpert er allerdings einen Gedanken, der allgemein prozessual billigenswert ist.

Andere rechtfertigen den § 232 II ZPO mit der Erwägung, daß es einer Prozeßpartei nicht gestattet werden könne, durch die Inanspruchnahme eines Vertreters das Prozeßrisiko zu Lasten des Gegners zu vergrößern[101]). Das heißt, eine Partei, die sich im Prozeß der Vorteile einer Vertretung bedient, muß billigerweise auch deren Nachteile tragen und darf sie nicht auf den Gegner abschieben[102]). Diese Risikoübernahme ist nicht unbillig, wenn man bedenkt, daß die Gefahr einer Fristversäumnis durch die Inanspruchnahme eines — regelmäßig doch fachkundigen — Prozeßvertreters verringert wird. Eine Befreiung des Vertretenen von jeder Haftung für seinen Prozeßvertreter würde den Prozeßgegner ungerecht belasten. Wieso dieser Gedanke für das Privatklageverfahren wenig passend sein soll, wie Schönke[103]) ohne nähere Begründung behauptet, leuchtet nicht ein. Das Privatklageverfahren, dem Gehalte nach Strafverfahren, trägt in der Form weitgehend zivilprozessualen Charakter[104]). Gäbe man dem Privatkläger die Möglichkeit, bei verschuldeter Fristversäumnis seines Prozeßvertreters auf Wiedereinsetzung anzutragen, ginge diese Bevorzugung einseitig zu Lasten des Angeklagten, der sich in gleichem Maße weniger auf die Wirkung eines Fristablaufes verlassen könnte. Seiner Natur nach paßt der Gedanke von der Unzulässigkeit der Verschiebung des Prozeßrisikos also auch auf das Privatklageverfahren.

Nach Meinung einzelner durchdringt er sogar „unser ganzes modernes Recht“[105]) und soll außer in § 232 II ZPO auch in § 278 BGB[106]) Gestalt gewonnen haben. Mit Recht ist jedoch darauf hingewiesen worden, daß § 278 BGB eine Spezialvorschrift ist und nur im Rah-

---

[101]) So: BGHZ 2, 205 (207); Jonas JW 1932, 1350 zu Nr. 8; Schönke JZ 1952, 431; Johannsen NJW 1952, 525 (526); auch: Rilk JW 1934, 172 f. zu Nr. 21.

[102]) So richtig: Preuß. OVG. 103, 260 (265).

[103]) Schönke JZ 1952, 431.

[104]) Vgl. Coenders GS 83, 286 (319); Lissner GS 101, 229 (231 f.).

[105]) So: Friedlaender JW 1927, 842 (843) zu Nr. 6.

[106]) So: Bayr. VGH Verw. Rspr. 1949 Nr. 110; auch: OVG Nordrhein-Westfalen Verw. Rspr. 1951 Nr. 115.

men der Erfüllung von Verbindlichkeiten gilt [107]). Nach überwiegender und richtiger Ansicht ist das Prinzip der Haftung für Vertreterverschulden eine Eigenart des Prozeßrechts [108]). Wenn demgegenüber verschiedentlich ausgeführt wird, eine derartige Haftung sei dem Rechtssystem fremd [109]), dann ist damit in der Regel nur gemeint, daß nicht in jedem Rechtsgebiet, sondern nur im Prozeßrecht für Vertreterverschulden gehaftet werde [110]).

Mit der Erkenntnis, daß das Haftungsprinzip des § 232 II ZPO eine über das Zivilprozeßverfahren hinausgehende Bedeutung hat und ein dem ganzen Prozeßrecht angemessener Gedanke ist, ist jedoch erst eine Voraussetzung analoger Anwendung des § 232 II ZPO im Privatklageverfahren gewonnen.

Eine weitere Grundlage jener Analogie wäre zunächst eine Wesensgleichheit des prozessualen Vertretungsbegriffes im Privatklage- und Zivilprozeßverfahren. Die herrschende Lehre geht ohne weiteres offenbar hiervon aus [111]). Nur ganz vereinzelt wird ausdrücklich eine „Rechtsähnlichkeit" festgestellt [112]). Lediglich Beling [113]) und Siegel [114]) widersetzen sich einer Analogie zu § 232 II ZPO mit der Begründung, daß das Verhältnis des Privatklägers zu seinem Prozeßvertreter von der zivilprozessualen „Prozeßbevollmächtigung" wesensverschieden sei. Siegel weist auf die Abweichungen des Privatklageverfahrens vom Zivilprozeßverfahren (zum Beispiel in den §§ 378 Satz 2, 391 II und 393) hin. Diese Verschiedenheiten beweisen seiner Meinung nach, daß kein Vertretungsverhältnis wie im Zivil-

---

107) Richtig: RGZ 158, 357 (361); Hess. VGH Verw. Rspr. 1951 Nr. 30.

108) Vgl. RGZ 158, 357 (361); BayrObLG JZ 1952, 429 (430); Hess. VGH Verw. Rspr. 1952 Nr. 187; auch: Jonas JW 1932, 1350 zu Nr. 8.

109) So: RGZ 158, 357 (361); KG JW 1927, 2630 Nr. 1; Hess. VGH Verw. Rspr. 1951 Nr. 30; Jonas JW 1932, 1350 zu Nr. 8; Schönke JZ 1952, 431; Friedlaender JW 1928, 430 zu Nr. 20; Rilk JW 1934, 172 zu Nr. 21.
Die ganze Frage scheint grundsätzlich noch nicht erörtert worden zu sein. Die Lehrbuchliteratur beschäftigt sich kaum mit ihr.

110) So wohl die in Anmerkung 109) Genannten außer dem Hess. VGH.
Der Hess. VGH beruft sich für seine Meinung, daß § 232 II ZPO nur innerhalb des Zivilprozeßverfahrens gelte, zu Unrecht auf RGZ 158, 357 ff. Das Reichsgericht spricht in dieser Entscheidung nur von einer Beschränkung auf das „Prozeßrecht". Schönke JZ 1952, 431 redet zwar in Bezug auf § 232 II ZPO von einer „grundsätzlich eng auszulegenden Ausnahmebestimmung", deren Anwendung auf das Strafverfahren deswegen sehr bedenklich sei, beruft sich jedoch andererseits auf Jonas JW 1932, 1350 zu Nr. 8, der aber dieselbe Ansicht vertritt wie das Reichsgericht in der Entscheidung RGZ 158, 357 ff.

111) Vgl. z. B.: OLG Braunschweig NJW 1954, 1619 Nr. 29; OLG Düsseldorf JMBlNRW 1951, 209; OLG Hamburg NJW 1953, 38 u. a.

112) So von: BayrObLG JZ 1952, 429 (430); OLG Köln JR 1952, 484.

113) Beling JW 1925, 1543 (1544) zu Nr. 8.

114) Siegel GS 42, 277 (287 ff.).

prozeß bestehe, vielmehr dem vertretenen Privatkläger in weitem Umfange eine Mitwirkung im Verfahren möglich sei.

Siegel verkennt, daß diese Abweichungen — und es gibt ihrer noch mehrere — hauptsächlich auf der Verschiedenheit des Prozeßgegenstandes in den beiden Verfahrensarten sowie der daraus entspringenden besonderen Struktur des Privatklageverfahrens, nicht aber auf einer wesentlich verschiedenen Ausgestaltung des Begriffs der Prozeßvertretung beruhen. Den §§ 391 II und 393 ähnliche Vorschriften finden sich auch in der Zivilprozeßordnung (vgl. die §§ 635 und 628 ZPO). Aber auch soweit echte Abweichungen von der im Zivilprozeß gültigen Regelung bestehen, ändern sie nichts daran, daß, so w e i t die Vertretungsmacht des Prozeßvertreters eines Privatklägers reicht, die Prozeß h a n d l u n g e n des Bevollmächtigten — ebenso wie im Zivilprozeß (§ 85 ZPO) — dem Privatkläger zugerechnet werden. Insoweit kann man nicht nur mit der herrschenden Lehre von „Rechtsähnlichkeit" sondern schon von Rechtsgleichheit reden. An einer mangelnden Übereinstimmung des Begriffs der Vertretung wird man die analoge Anwendung des § 232 II ZPO also nicht scheitern lassen dürfen [115]).

Dieser Analogie ist es gleichfalls nicht hinderlich, daß im Privatklageverfahren im Gegensatz zum normalen Zivilprozeßverfahren weitgehend Offizialbetrieb und der Grundsatz der Erforschung der materiellen Wahrheit herrschen (vgl. § 384) [116]). Der Versuch des Hessischen Verwaltungsgerichtshofes [117]), unter anderem auch wegen dieser — gleichfalls zumindest teilweise auch im Verwaltungsstreitverfahren herrschenden — Grundsätze eine analoge Anwendung des § 232 II ZPO auf den Verwaltungsprozeß abzulehnen [118]), hat sich nicht durchgesetzt [119]). Gegen den Hessischen Verwaltungsgerichtshof spricht weniger, daß jene Verfahrensgrundsätze das Verhältnis zwischen Vertretenem und Vertreter nicht zu beeinflussen vermögen [120]), als vielmehr die Tatsache, daß es auch im Zivilprozeß von öffentlichen Interessen beherrschte Verfahrensarten gibt [121]), auf die § 232 II ZPO dennoch zutrifft. Auch die in der Abgabenordnung getroffene Regelung (vgl. die §§ 86 II AO in Verbindung mit 204 und 243 AO

[115]) Siegel und Beling sind, soweit ersichtlich, auch die einzigen, die das tun.

[116]) Vgl. auch: Peters 462 ff.

[117]) Hess. VGH Verw. Rspr. 1949 Nr. 30.

[118]) Mit ähnlicher Begründung (nämlich der, daß das Verfahren von öffentlichen Interessen beherrscht werde) lehnte Bergmann JW 1937, 2079 (2081 Fußnote 10) eine Anrechnung von Vertreterverschulden im früheren Erbhofverfahren ab.

[119]) Dagegen: Bayr. VGH Verw. Rspr. 1949 Nr. 110; Hess. VGH Verw. Rspr. 1952 Nr. 187; VG Stuttgart DVBl. 1952, 475 (476); Naumann DV 1948/49, 9 (10).

[120]) So aber: Hess. VGH Verw. Rspr. 1952 Nr. 187.

[121]) Richtig: Naumann DV 1948/49, 9 (10).

sowie 451 Satz 4 AO in Verbindung mit 440 f. und 447 AO) stellt klar, daß eine Haftung für Vertreterverschulden nichts mit dem Offizialbetrieb Unvereinbares ist [122]).

Spricht somit die Struktur des Privatklageverfahrens nicht gegen eine entsprechende Anwendung des § 232 II ZPO, so bleibt nur noch zu prüfen, ob auch die Interessenlage einer Analogie günstig ist.

Die herrschende Meinung gewinnt die hierbei für ihre Stellungnahme ausschlaggebenden Gründe aus einem Vergleich der Situation des Privatklägers mit der des Angeklagten.

Diese Methode ist bedenklich. Merkmal der Analogie ist die Gleichheit der Interessenlage in Hinblick auf den entsprechend anzuwendenden Tatbestand. Streng genommen bedürfte es also nur einer Vergleichung der Stellung des Privatklägers mit der des Zivilprozeßklägers. Der von der überwiegenden Lehre eingeschlagene Weg wird letzten Endes nur insofern zu rechtfertigen sein, als die für eine Analogie nötige Gleichheit der Interessenlage mittelbar aus der im Verhältnis zum Angeklagten ungleichen Situation eines Privatklägers geschlossen werden kann. Das geschieht aber nur ganz selten ausdrücklich [123]).

Die herrschende Meinung geht von den folgenden Überlegungen aus: Einigkeit bestehe darüber, daß die Güter, die der Angeklagte zu verteidigen habe, ihrer Art nach von denen, die für den Privatkläger auf dem Spiele stünden, zumindest teilweise verschieden seien. Der Angeklagte kämpfe um Ehre und Freiheit, der Privatkläger gegebenenfalls (im Falle der §§ 185 ff. StGB) auch um seine Ehre, im übrigen aber um andere, allerdings gleichfalls immaterielle Güter [124]), und zwar um die Sühne für einen strafwürdigen Angriff auf seine eigenen Rechtsgüter [125]).

Die Schlüsse, die aus diesen — richtig erkannten — Rechtsgutunterschieden gezogen werden, sind uneinheitlich.

Vielfach heißt es einfach, der Verlust der Rechtsgüter, um die der Privatkläger kämpfe, erscheine nicht in demselben Masse als Härte wie die Verurteilung eines möglicherweise unschuldigen Angeklagten, so daß die „Billigkeitserwägungen", die zur Nichtanrechnung des Verteidigerverschuldens geführt hätten, beim Privatkläger nicht ins Gewicht fielen. Man hat demgegenüber jedoch mit einem gewissen Recht darauf hingewiesen, daß auch für den Privatkläger die Ehre auf dem Spiele stehen könne [126]), und deren Verlust ihn genau

[122]) Vgl. dazu zutreffend: VG Stuttgart DVBl. 1952, 475 (476).

[123]) So von: BayrObLG JZ 1952, 429 (430); OLG Köln JR 1952, 484.

[124]) Vgl. BayrObLG JZ 1952, 429 (430); OLG: Braunschweig NJW 1954, 1619 Nr. 29; Hamburg JR 1955, 31 (32); Schleswig-Holstein SchlHA 1954, 209 (210); LG Kiel SchlHA 1948, 209 (210); Schwarz 3 D zu § 44.

[125]) Rutkowsky NJW 1953, 38.

[126]) Vgl. Rutkowsky NJW 1953, 38; Ewald GA 36, 80 (86); Schwarz 3 D zu § 44 unter Hinweis auf Art. 5 II BGG.

so hart treffe wie den Angeklagten. Dieser Einwand ist allerdings deswegen nicht völlig zutreffend, weil der Ehrverlust, der dem Angeklagten droht, auf einem staatlichen Unwerturteil beruht und deswegen wohl folgenschwerer ist als die einem Privatkläger zugefügte, regelmäßig private Ehrverletzung [127]). Dennoch ist es sehr bedenklich, ausschließlich auf die „Härte" eines Rechtsgüterverlustes zu sehen. Ob und in welchem Maße der Verlust eines Rechtsgutes eine Härte für den Betroffenen ist, kommt doch sehr auf das Empfinden des einzelnen an [128]). Eine generalisierende Betrachtungsweise wird gerade hier der Lebenswirklichkeit nicht ganz gerecht.

Überwiegend sieht man das Kriterium auch nicht in der Härte eines Rechtsgutverlustes, sondern in dem Grade des öffentlichen Interesses an der Erhaltung und dem Schutze gewisser Rechtsgüter. In den Fällen, so wird gelehrt, in denen nicht die Freiheit und die Ehre eines Angeklagten auf dem Spiele stünden, sondern, wie beim Privatkläger, ein privates Interesse, bestehe kein gleichstarkes öffentliches Interesse, eine Haftung für Vertreterverschulden auszuschließen [129]).

Was damit gemeint ist, ist nicht ganz klar. Freiheit und Ehre des Angeklagten werden in Gegensatz zu den bloß privaten Interessen eines Privatklägers gesetzt. Dabei gewinnt man den Eindruck, als seien Freiheit und Ehre kein privates Anliegen des Angeklagten. Aber das sind sie zunächst ebenso wie die vom Privatkläger wahrgenommenen Rechte [130]). Die Gegenüberstellung der Rechtsgüter Freiheit und Ehre des Angeklagten mit den bloß privaten Interessen eines Privatklägers scheint auf einer Geringschätzung privater Interessen zu beruhen. Das tritt besonders deutlich zutage in den Ausführungen des Oberlandesgerichtes Köln [131]).

Der Privatkläger verfolge „lediglich" ein privates Interesse, meint dieses Gericht. Es gehe aber nicht an, das öffentliche Interesse an weitgehender Rechtssicherheit hinter einem bloß privaten Interesse zurückstehen zu lassen. Der Privatkläger müsse daher für eine schuldhafte Fristversäumnis seines Rechtsanwaltes einstehen [132]). Das Ge-

[127]) Die private Ehrverletzung durch einen hohen Staatsbeamten kann einem staatlichen Unwerturteil gleichen.

[128]) Richtig: Loewenheim NJW 1947/48, 516 (517); auch: Friedlaender JW 1928, 430 (431) zu Nr. 20.

[129]) So: OLG Braunschweig NJW 1954, 1619 Nr. 29; OLG Hamburg JR 1955, 31 (32); OLG Schleswig-Holstein SchlHA 1954, 209 (210).

[130]) Richtig: Loewenheim NJW 1947/48, 516 (517).

[131]) OLG Köln JR 1952, 484.

[132]) Das OLG Hamburg JR 1955, 31 (32) scheint darüberhinaus zugunsten einer analogen Anwendung des § 232 II ZPO auf den Privatkläger auch noch die Freiwilligkeit seiner Rechtsverfolgung in die Waagschale werfen zu wollen. Dieser Gesichtspunkt ist aber für § 232 II ZPO ohne Belang. Es sei nur auf die Unfreiwilligkeit der Rechtswahrnehmung durch den Beklagten eines Zivilprosses hingewiesen, der gleichwohl für eine schuldhafte Fristversäumnis seines Prozeßvertreters einstehen muß.

richt scheint der Meinung zu sein, daß ein bestimmtes öffentliches Interesse nur einem stärkeren entgegenstehenden öffentlichen Interesse weichen müsse. Mit dieser Ansicht steht es nicht allein. Man hat zum Beispiel verschiedentlich die Freistellung des Angeklagten von einer Haftung für Verteidigerverschulden nicht mit dem schutzwürdigen Interesse des Angeklagten an möglichst unbehinderter Verteidigung, sondern mit dem öffentlichen Interesse daran, die Verurteilung Unschuldiger zu vereiteln, begründet [133]).

Die Auffassung, daß private Interessen öffentlichen grundsätzlich nachstünden, ist zu verwerfen. Einen Grundsatz dieser Art gibt es nicht. Private Interessen können öffentlichen auch dann vorgezogen werden, wenn an ihrer Wahrung kein öffentliches Interesse besteht [134]). Es genügt, daß das betreffende Privatinteresse so schwerwiegend ist, daß die Gerechtigkeit seinen Vorrang gegenüber entgegenstehenden öffentlichen Interessen erheischt [135]). Insoweit man die Wahrung der Gerechtigkeit als oberstes öffentliches Interesse anerkennt, läßt sich allerdings auch hier sagen, daß das öffentliche Interesse an Rechtssicherheit und schnellem Verfahrensgang durch ein stärkeres öffentliches Interesse überwunden wird.

Der Hinweis auf die Wahrnehmung bloß privater Interessen durch den Privatkläger rechtfertigt die analoge Anwendung des § 232 II ZPO also noch nicht, ganz abgesehen davon, ob es überhaupt richtig ist, daß ein Privatkläger lediglich private Interessen verfolgt, sprechen Kleinknecht-Müller-Reitberger [136]) doch — ohne nähere Erläuterung allerdings — von „überwiegend" privaten Interessen, die ein Privatkläger durchzusetzen versuche. Inwieweit ein Privatkläger a u c h im öffentlichen Interesse tätig wird [137]), bedarf hier jedoch keiner Entscheidung, da der private Charakter seiner Bemühungen ganz vorwiegend ist. Für die Lösung des Problems ist es somit von entscheidender Bedeutung, ob die persönlichen Belange, die der Privatkläger mit einer Privatklage wahrnimmt, so schutzwürdig sind, daß, im Gegensatz zur Situation im Zivilprozeß, eine Haftung für Vertreterverschulden unbillig wäre.

Eine richtige Bewertung der Interessen eines Privatklägers ist jedoch nur dann möglich, wenn über die A r t seiner Interessen Klar-

---

[133]) So: BayrObLG JZ 1952, 429 (430); OLG Braunschweig NJW 1954, 1619 Nr. 29; OLG Hamburg NJW 1953, 38; OLG Köln JR 1952, 484; auch: Loewenheim NJW 1947/48, 516 (517).

Vgl. auch oben auf Seite 69. Die dortigen Ausführungen gewähren bloß einen Überblick und konnten sich demgemäß mit feineren Einzelheiten nicht befassen.

[134]) Anders aber: OLG Braunschweig NJW 1954, 1619 Nr. 29.

[135]) Vgl. Loewenheim NJW 1947/48, 516 (517).

[136]) KMR 3 c zu § 44.

[137]) Zu diesem Problemkreis vgl. einerseits Gerland GS 60, 157 (171); Lissner GS 101, 229; Oetker GS 108, 16 und andererseits Binding GS 72, 1 (7 sowie Peters 157.

heit gewonnen ist. „Die" privaten Interessen, von denen sowohl die herrschende Meinung als auch ihre Gegner ohne nähere Differenzierung sprechen, sind oder können je nach Art der Delikte, die verfolgt werden, sehr verschieden sein.

Es lassen sich zwei große Gruppen von Privatklagen, denen entsprechende Interessen korrespondieren, unterscheiden: Privatklagen, mit denen lediglich eine **Bestrafung** des Privatbeklagten erstrebt werden kann, und Privatklagen, mit denen neben einer Bestrafung auch eine **Wiedergutmachung** oder ein **Schutz** bestimmter Interessen begehrt werden kann [138]). Diese Einteilung beruht auf der Art der Delikte, die Gegenstand eines Privatklageverfahrens sein können.

Nur eine Bestrafung kann bei Verfolgung der in den Ziffern 1, 4, 5 und 6 des § 374 I genannten Delikte [139]) erreicht werden.

Eine Bestrafung und Wiedergutmachung oder Schutz können bei einer Privatklage, die sich auf die in den Ziffern 2, 3, 7 und 8 des § 374 I aufgezählten Straftaten bezieht, erstrebt werden [140]).

Wiedergutmachungsmaßnahmen sind die Zuerkennung einer Buße und die Gewährung der Befugnis zur Veröffentlichung eines Strafurteils. Auf eine Buße kann bei den meisten der in § 374 I Ziffern 2, 3, 7 und 8 erwähnten Vergehen erkannt werden [141]). Die Gewährung der Befugnis zur Veröffentlichung eines Strafurteils ist bei Straftaten vorgesehen, die von den Ziffern 2, 7 und 8 des § 374 I erfaßt werden [142]).

Dem Schutze des Verletzten dient die Anordnung der Vernichtung bestimmter Gegenstände. Sie ist zugelassen bei verschiedenen § 374 I Ziffer 8 unterfallenden Vergehen [143]).

Zu beachten ist jedoch, daß nicht jede der erwähnten Wiedergutmachungs- oder Schutzmaßnahmen nur im Wege der Strafverfolgung, sondern daß sie vielfach ebenso durch eine zivilprozessuale Klage angestrebt werden können.

---

[138]) Das Adhäsionsverfahren bleibt dabei wegen seiner Unergiebigkeit außer Betracht.

[139]) Das sind: die Vergehen des Hausfriedensbruchs (§ 123 StGB), der Bedrohung (§ 241 StGB), der Verletzung fremder Geheimnisse (§ 299 StGB) und der Sachbeschädigung (§ 303 StGB).

[140]) Das sind: Vergehen der Beleidigung (§§ 185 bis 187 a, 189 StGB), der Körperverletzung (§§ 223, 223 a, 230 StGB), Vergehen nach dem UnlWG und als Vergehen strafbare Verletzungen des literarischen, künstlerischen und gewerblichen Urheberrechts.

[141]) Vgl. §§ 188, 231 StGB, § 40 LitUrhG, § 35 KunstUrhG, § 14 GeschmMG, § 50 PatG, § 17 GebrMG, § 29 WZG, § 26 UnlWG.

[142]) Vgl. § 200 StGB, § 30 II WZG, § 16 III GebrMG, § 49 III PatG, § 23 I, II UnlWG. In den Fällen des § 200 II StGB und des § 23 I UnlWG erfolgt die Publikation von Amts wegen. Nach herrschender Lehre ist die Urteilsveröffentlichung Wiedergutmachung und Strafe: siehe Maurach I 668.

[143]) Vgl. § 37 KunstUrhG, § 14 GeschmMG, § 42 LitUrhG.

Die Buße ist nichts anderes als ein zivilrechtlicher Schadensersatz [144]). Auf sie ist also niemals ein Privatkläger zur Ausgleichung seines Vermögensschadens angewiesen.

Die Anordnung der Vernichtung bestimmter Gegenstände ist sowohl eine im Straf- als auch im Zivilprozeß zulässige Maßnahme.

Die Befugnis zur Urteilsveröffentlichung kann jedoch n u r durch eine strafprozessuale Klage gewonnen werden [145]).

Die a u s s c h l i e ß l i c h durch ein Strafverfahren zu befriedigenden Interessen eines Privatklägers sind somit das Interesse an der Bestrafung des Privatbeklagten und das Interesse an der Veröffentlichung eines den Privatbeklagten verurteilenden strafgerichtlichen Erkenntnisses.

Diese differenzierte Darstellung der Interessenlage ermöglicht nunmehr eine B e w e r t u n g der Interessen des Privatklägers.

Keine besondere Schutzbedürftigkeit besteht insoweit, als im Privatklageverfahren neben dem Antrag auf Bestrafung Interessen verfolgt werden, deren Wahrnehmung im Zivilprozeß möglich und auch zweckmäßig ist. Hierunter fallen das Verlangen nach Buße und das Begehren nach einer richterlichen Anordnung der Vernichtung bestimmter Gegenstände bei als Vergehen strafbarer Verletzung des literarischen, künstlerischen und gewerblichen Urheberrechts. Zur Durchsetzung dieser Interessen ist ein Privatkläger nicht auf das Privatklageverfahren angewiesen. Es handelt sich um typisch wirtschaftliche Belange. Die Interessenlage ist hier also im wesentlichen dieselbe wie im Zivilprozeß, so daß einer analogen Anwendung des § 232 II ZPO insoweit nichts entgegensteht.

Was weiterhin das eventuelle Interesse eines Verletzten anbetrifft, die Befugnis zur Veröffentlichung eines Strafurteils zu erlangen, so ist zu beachten, daß auch dieses Interesse, außer im Falle des § 200 StGB [146]), ein ganz überwiegend wirtschaftliches ist. Den Privatkläger hier besser als einen Zivilprozeßkläger zu stellen, liegt also kein Grund vor. Wegen Gleichheit der Interessenlage ist eine analoge Anwendung des § 232 II ZPO auch insofern zulässig und wünschbar.

In besonderem Maße problematisch ist sonach nur, wie das Sühnebedürfnis eines Privatklägers und sein Interesse an einer Rufreparation durch Urteilsveröffentlichung (§ 200 StGB) zu bewerten sind.

Der Wunsch, den Täter eines Privatklagedelikts bestraft zu sehen, wird zumeist der Hauptbeweggrund für die Erhebung einer Privatklage sein. Möglicherweise erhofft der Privatkläger sich von einer Bestrafung außerdem Schutz vor künftigen Rechtsgutverletzungen.

---

[144]) Siehe statt aller: Maurach I 670.

[145]) Siehe aber auch: § 23 IV UnlWG.

[146]) Die anderen in Frage kommenden Möglichkeiten sind: § 30 II WZG, § 16 III GebrMG, § 49 III PatG und § 23 I, II UnlWG.

Aber einen solchen Schutz vermag er regelmäßig auch durch Erhebung einer zivilprozessualen vorbeugenden Unterlassungsklage zu erlangen.

Allerdings ist nicht zu verkennen, daß zuweilen eine Privatklage das letzte Schutzmittel gegen Bosheit und Schikane ist. Aber diese Fälle sind in der Minderzahl. Es ist nämlich zu bedenken, daß ein ziviles Unterlassungsurteil nach § 890 ZPO vollstreckt wird. Das bedeutet, daß für jeden Fall künftiger Zuwiderhandlung ohne neue Klage eine Haft — oder Geldstrafe verhängt werden kann. Diese Strafen haben nicht nur Beugecharakter, sondern sind zugleich echte Rechtsstrafen, die nach strafrechtlichen Grundsätzen festgesetzt werden [147]). Ihre gegebenenfalls wiederholte Verhängung wird regelmäßig auch hartnäckige Rechtsbrecher zur Vernunft bringen.

Rutkowsky [148]) meint nun, der Privatkläger erleide durch eine irreparable Fristversäumnis „schwere Nachteile", schweigt sich aber darüber aus, worin diese schweren Nachteile bestehen sollen. Auch Eberhard Schmidt [149]) führt zugunsten des Privatklägers aus, es gehe nicht an, dem Privatkläger, dem „nichts übrig" bleibe, als den Weg der Privatklage zu beschreiten, diesen Weg „noch dorniger" zu machen, als er ohnehin schon sei.

Demgegenüber sei zunächst darauf hingewiesen, daß eine irreparable Fristversäumnis die materielle Rechtsposition eines Privatklägers nicht beeinträchtigen kann. Jede Privatklage setzt eine bereits geschehene Rechtsverletzung voraus. Die Privatklage ist insoweit also nicht Rechtsgutverteidigung, sondern sie dient der Ahndung vergangener Rechtsgutverletzungen. Hierdurch unterscheidet sich die Situation eines Privatklägers typisch von der eines Angeklagten, der um die Erhaltung von Rechtsgütern (Freiheit und Ehre) kämpft.

Zu weit geht es auch, die Privatklage als einen Weg zu bezeichnen, der dem Privatkläger letztlich übrig bleibe. Das mag für jene Ausnahmefälle richtig sein, in denen die Privatklage wirklich letztes Schutzmittel gegen Bosheit und Schikane ist. Richtig ist es auch, daß dem Sühnebedürfnis des Verletzten nur im Wege einer Privatklage Genugtuung verschafft werden kann. Das gleiche gilt für eine Rufreparation durch Veröffentlichung des Strafurteils (§ 200 StGB). Im übrigen aber bieten sich dem Privatkläger, wie dargelegt, ausgedehnte und wirksame zivilprozessuale Möglichkeiten an, so daß ihm außer der Privatklage also noch sehr viel „übrig bleibt".

Die Erkenntnis von der Notwendigkeit einer differenzierten Betrachtungsweise, scheint anderen Gegnern der herrschenden Lehre nicht verborgen geblieben zu sein. Schwarz [150]) verweist, um darzu-

[147]) Allgemeine Meinung: vgl. Rosenberg 1015 f.
[148]) Rutkowsky NJW 1953, 38.
[149]) Schmidt 15 zu § 44.
[150]) Schwarz 3 D zu § 44.

tun, daß für den Privatkläger „viel" auf dem Spiele stehe, nur auf die E h r e des Privatklägers und Ewald [151]) spricht sehr vorsichtig davon, daß für den Privatkläger „höchste Güter" in Frage kommen „können", ohne freilich mitzuteilen, w a n n dies der Fall ist.

Das Sühnebedürfnis eines Privatklägers ist k e i n „höchstes Gut". Dieses Begehren ist regelmäßig nichts anderes als der Wunsch nach Rache und Vergeltung. Nicht Gerechtigkeit erstrebt im allgemeinen ein Privatkläger, sondern persönliche Genugtuung. Ein Privatkläger handelt, wie Lissner [152]) sich treffend ausgedrückt hat, im eigenen, „selbstischen" Interesse. Die prozessuale Möglichkeit seiner Befriedigung bedarf keines höheren Schutzes als die Interessen eines Zivilprozeßklägers. Zwar ist es bis zu einem gewissen Grade richtig, daß die Situation eines Privatklägers, wie Rutkowsky [153]) bemerkt, „psychologisch und ethisch" nicht mit der eines Klägers im Zivilprozeß verglichen werden kann. Richtig ist dies aber nur insofern, als die Situation eines Privatklägers, insofern er nach Sühne verlangt, a n d e r s ist als die Lage eines Zivilprozeßklägers. Das schließt aber nicht aus, diese Situationen in Bezug auf einen bestimmten Tatbestand (§ 232 II ZPO) g l e i c h zu b e w e r t e n. Wenn die Zivilprozeßordnung aber selbst dort, wo, wie zum Beispiel im Ehescheidungsverfahren, hochwertige immaterielle Rechtsgüter auf dem Spiele stehen, nicht von der Haftung für Vertreterverschulden befreit, dann ist nicht einzusehen, wieso diese Vergünstigung dann gewährt werden soll, wenn es lediglich um die Befriedigung eines Bedürfnisses geht, dem ethisch keine besonderen Werte eignen, mag es andererseits auch, weil der menschlichen Natur gemäß, nicht unwertig sein. Die Dornigkeit des Privatklageweges zeigt zudem, daß das Streben nach Vergeltung sich gesetzlich keiner besonderen Hochschätzung erfreut. Alle diese Umstände sprechen dafür, dem Gebote der Rechtssicherheit auch gegenüber dem Sühneverlangen des Privatklägers den Vorrang zu geben und ihn in entsprechender Anwendung des § 232 II ZPO für Verschulden seines Anwalts haften zu lassen. Von dieser Haftung die Fälle auszunehmen, in denen sich der Privatkläger eines Anwalts bedienen m u ß [154]), ist kein Anlaß gegeben, da auch im Zivilprozeß bei Anwaltszwang nach § 232 II ZPO gehaftet wird.

Eine a n d e r e Beurteilung ist nur dann geboten, wenn der Privatkläger um seine Ehre kämpfend eine Rufreparation erstrebt. Schwarz [155]) weist mit Recht darauf hin, daß die hohe Bedeutung

---

[151]) Ewald GA 36, 80 (86).

[152]) Lissner GS 101, 229 (233).

[153]) Rutkowsky NJW 1953, 38.

[154]) So aber: OLG Hamm NJW 1951, 854 Nr. 24; JMBlNRW 1952, 16 Nr. 5. Vgl. oben Seite 72.

[155]) Schwarz 3 D zu § 44.

dieses Rechtsgutes in Art. 5 II BGG Anerkennung gefunden hat. Das Strafgesetzbuch bietet nun in § 200 ein Mittel zur Ehrenrettung an, das an Wirksamkeit wohl durch nichts übertroffen werden kann. Zu seiner Ausnutzung bedarf es jedoch, wenn sich die Staatsanwaltschaft nach § 376 versagt, einer Privatklage.

Die Gerechtigkeit gebietet es, das formale Gebot der Rechtssicherheit und das Interesse des Privatbeklagten an weitgehendem Verlaß auf die Wirkungen eines Fristablaufs hinter dem Interesse des Privatklägers zurücktreten zu lassen, den Kampf um eine Wiederherstellung seiner Ehre durch Urteilsveröffentlichung auch dann noch fortsetzen zu können, wenn seinen Bemühungen eine verschuldete Fristversäumnis seines Prozeßvertreters im Weg steht.

Unüberwindliche Schwierigkeiten prozessualer Art bereitet die hier vertretene Auffassung nicht. Auf den ersten Blick scheint es zwar bedenklich, die Zulässigkeit eines Wiedereinsetzungsantrages, also etwas Prozessuales, von sachlichrechtlichen Gegebenheiten — der Möglichkeit einer Rufreparation durch Urteilsveröffentlichung — abhängig zu machen. Der Richter müßte mithin, bevor er Wiedereinsetzung erteilt, feststellen, ob eine Beleidigung öffentlich oder durch Veröffentlichung in einer Zeitung oder Zeitschrift begangen worden ist. Die sachliche Entscheidung des Prozesses wäre damit bereits weitgehend im Wiedereinsetzungsverfahren vorweggenommen. Das ist jedoch nicht tragbar, und es muß eine andere Lösung gefunden werden.

Dem Prozeßrecht ist die Abhängigkeit prozessualer Faktoren von sachlichrechtlichen Gegebenheiten nichts Fremdes. Die Zivilprozeßordnung bietet dafür einige Beispiele. So ist der Gerichtsstand der unerlaubten Handlung (§ 32 ZPO) an sich von der Existenz eines Anspruches aus unerlaubter Handlung abhängig. Entsprechendes gilt von der sachlichen Zuständigkeit der Landgerichte in nichtvermögensrechtlichen Streitigkeiten (§ 71 GVG). Nach allgemeiner Ansicht zwingt diese Abhängigkeit jedoch nicht schon im prozessualen Bereich zu einer sachlichrechtlichen Prüfung. Vielmehr begnügt man sich hier mit entsprechenden sachlichrechtlichen B e h a u p t u n g e n des Klägers [156]).

Ähnlich könnte für einen Wiedereinsetzungsantrag des Privatklägers bei verschuldeter Fristversäumnis seines Rechtsanwalts erwogen werden, sich schon mit der bloßen Behauptung der öffentlichen Begehung einer Beleidigung zufrieden zu geben. Die Gefahr liegt jedoch nahe, daß dann viele Privatkläger wider besseres Wissen die Öffentlichkeit einer Beleidigung behaupten werden, um einer Haftung für verschuldete Fristversäumnis ihres Prozeßvertreters zu entgehen. Um solchem Mißbrauch zu steuern, empfiehlt es sich, dem

---

[156]) Vgl. z. B. Rosenberg 146 und Hoche 39.

Gericht die Befugnis zuzugestehen, vom Privatkläger die Belegung seiner Behauptungen zu verlangen. In den weitaus meisten Fällen wird schon der bisherige Prozeßverlauf Anhaltspunkte für die Art des Tathergangs bieten. In anderen Fällen muß eine Verzögerung des Wiedereinsetzungsverfahrens durch entsprechende Nachforschungen in Kauf genommen werden, um der Erschleichung einer Wiedereinsetzung vorzubeugen. Eine Glaubhaftmachung im technischen Sinne (§ 294 ZPO, § 45) ist allerdings nicht nötig. Vielmehr ist dem richterlichen Ermessen breiter Spielraum zu gewähren, damit die übermäßige Verzögerung eines Wiedereinsetzungsverfahrens verhindert wird. Es wird deswegen genügen, daß die Behauptungen des Privatklägers glaubhaft e r s c h e i n e n.

Damit wird auf einen Ausdruck zurückgegriffen, der der Strafprozeßordnung nicht unbekannt ist. Der Begriff des „Erscheinens" findet sich in § 405 Satz 1 [157]).

Die hier vorgeschlagene Lösung dürfte eine annehmbare Grundlage für eine geeignete Gestaltung des Wiedereinsetzungsverfahrens bieten.

Bilden neben einem Ehrverletzungsdelikt, dessen Begehungsweise eine Anwendung des § 200 StGB zu erlauben scheint, andere Delikte den Gegenstand des Privatklageverfahrens, so muß bei einer durch den Rechtsanwalt des Privatklägers verschuldeten Fristversäumnis hinsichtlich a l l e r Delikte wiedereingesetzt werden, f a l l s eine getrennte Entscheidung nicht möglich ist. Es müssen hier dieselben Grundsätze gelten, die zum Problem der Teilanfechtung eines Urteils entwickelt worden sind [158]).

Was für einen Privatkläger gilt, muß entsprechend für einen Nebenkläger und einen Antragsteller im Klageerzwingungsverfahren [159]) gelten [160]). Die herrschende Lehre führt — insoweit zutreffend — aus, daß, wie auch § 395 offenbare, die Situation eines Nebenklägers und Antragstellers nach § 172 der eines Privatklägers interesseähnlich sei [161]). Vom hier vertretenen Standpunkt aus ist nur hinzuzufügen, daß ein Nebenkläger und Antragsteller nach § 172 auch dann von einer Haftung für Vertreterverschulden befreit sein müssen, wenn Gegenstand des Verfahrens eine falsche Anschuldigung (§ 164 StGB) ist. Gemäß § 165 StGB wird, wenn wegen falscher Anschuldigung auf Strafe erkannt worden ist, dem Verletzten die

[157]) Vgl. auch §§ 24 I Nr. 3, 25 Nr. 2 c: „zu erwarten ist".
[158]) Vgl. dazu: Gage-Sarstedt 46 ff.
[159]) Ein Klageerzwingungsverfahren wird allerdings bei Ehrverletzungsdelikten regelmäßig nicht statthaft sein, da es der Wahrung des Legalitätsprinzipes dient.
[160]) Vgl. die oben auf Seite 72 in den Anmerkungen 33) und 34) Genannten.
[161]) Vgl. OLG: Hamburg JR 1955, 31 (32); Braunschweig NJW 1954, 1619 Nr. 29; KMR 3 c zu § 44; Poppe NJW 1953, 1500 (1501).

Befugnis zugesprochen, die Verurteilung auf Kosten des Schuldigen öffentlich bekannt zu machen. Auch diese Publikationsbefugnis hat Wiedergutmachungszweck, sie dient der Rehabilitation des Verletzten. Diese Befugnis kann nur durch ein Strafverfahren erlangt werden. Die Situation ist also dieselbe wie hinsichtlich des § 200 StGB.

Zusammenfassend läßt sich somit sagen:

Ein Privatkläger, Nebenkläger und Antragsteller nach § 172 haften grundsätzlich für eine schuldhafte Fristversäumnis ihres Prozeßverteters.

Ausnahmsweise tritt diese Haftung dann nicht ein, wenn mit der verspäteten Prozeßhandlung eine Rufreparation angestrebt wird, die nur auf strafprozessualem Wege erlangt werden kann.

F. Kann die Staatsanwaltschaft zugunsten des Angeklagten Wiedereinsetzung in den vorigen Stand beantragen?

Nach dem Wortlaut des § 44 kann Wiedereinsetzung nur von demjenigen beansprucht werden, der die Frist versäumt hat. Mit Ausnahme des Prozeßvertreters [1]) könnte demnach ein Dritter für den Säumigen keine Wiedereinsetzung beantragen. Seit Bestehen der Strafprozeßordnung ist jedoch immer wieder die Frage aufgeworfen worden, ob nicht die Staatsanwaltschaft in Hinblick auf die Bestimmung des § 296 II zugunsten des Angeklagten Wiedereinsetzung beantragen kann.

Die Auffassungen in Literatur und Rechtsprechung sind geteilt.

Die ganz überwiegende Meinung versagt der Staatsanwaltschaft das Recht, zugunsten des Angeklagten auf Wiedereinsetzung anzutragen [2]).

Eine Mindermeinung will ihr jedoch — ohne weitere Begründung — diese Befugnis zugestehen [3]).

Binding [4]), der früher auch die herrschende Lehre bekämpft hatte. ist unter dem Eindruck der Entscheidung des Reichsgerichtes in

---

[1]) Siehe die Aufzählung der Fälle einer „Vertretung" oben auf Seite 71 Anmerkung 27).

[2]) So: RGSt. 22, 31 (32 f.); Löwe-Rosenberg 9 zu § 44; Schmidt 5 zu § 44; KMR 2a zu § 44; Schwarz 2 zu § 44; Feisenberger 1 zu § 44; Kohlrausch 6 zu § 338; Daude 83 zu § 296; Koch 4 zu § 44; Stenglein 61; Ullmann 273; Gerland 184 Fußnote 38; Oertel 49; Lohsing 622; Strauß GS 108, 41 f.; Köhler GS 53, 323 Fußnote 1.

[3]) OLG München Alsb. E. I, 110 Nr. 119; Bennecke-Beling 306 Fußnote 20; anscheinend auch: Henkel Grdr. 178.

[4]) Binding 184.

RGStr. 22, 31 ff. zweifelhaft geworden. Beling [5]) versagt sich einer festen Stellungnahme.

Soweit die herrschende Meinung überhaupt eine Begründung gibt [6]), begnügt sie sich zuweilen mit dem Hinweis, daß der Wiedereinsetzungsantrag kein Rechtsmittel sei und deswegen die §§ 296 ff. auf ihn nicht anwendbar seien [7]). Daß dem Wiedereinsetzungsgesuch der Rechtsmittelcharakter fehlt, ist richtig, schließt aber nur die unmittelbare, nicht aber die **analoge** Anwendung des § 296 II aus [8]).

Von einer Analogie zu § 296 II will die überwiegende Lehre genau so wenig wissen [9]). Um eine ausführliche und fundierte Begründung dieser ablehnenden Stellungnahme haben sich jedoch nur — soweit ersichtlich — das Reichsgericht [10]) und Buhmann [11]) bemüht.

Das Reichsgericht beruft sich gesetzestechnisch auf den § 405 StPO a. F. (jetzt § 365), in dem die allgemeinen Vorschriften über Rechtsmittel für im Wiederaufnahmeverfahren anwendbar erklärt sind.

Aus dieser Bestimmung folgert das Reichsgericht, daß der Gesetzgeber eine analoge Anwendung der §§ 296 ff. auf Rechtsbehelfe für ausgeschlossen und es deshalb für nötig gehalten habe, ihre Anwendung auf das Wiederaufnahmeverfahren ausdrücklich zu gestatten. Diese Auffassung findet jedoch in den Motiven zum Entwurf einer Strafprozeßordnung und in den Protokollen zur Strafprozeßordnung keine Stütze [12]). Auch § 405 StPO a. F. (§ 365) zwingt nicht zu dem vom Reichsgericht gezogenen Schluß. Diese Bestimmung kann ebenso gut den Zweck haben, jedenfalls für das Wiederaufnahmeverfahren keinen Streit über die Anwendung der §§ 296 ff. aufkommen zu lassen. Zugegeben sei, daß § 405 StPO a. F. (§ 365) nicht gerade gegen die herrschende Lehre spricht.

Das Reichsgericht glaubt sich einer Analogie fernerhin auch deswegen versagen zu müssen [13]), weil mit einem Wiedereinsetzungsantrag im Gegensatz zu den Rechtsmitteln keine Anfechtung gerichtlicher Entscheidungen angestrebt werde. Diese Verschiedenheit schließt eine analoge Anwendung der §§ 296 ff. aber noch nicht notwendig aus, da auch das Wiedereinsetzungsgesuch vermöge seiner

---

[5]) Beling 334 Fußnote 1.

[6]) Ohne jede Begründung: Koch 4 zu § 44 und 1 zu § 338; KMR 2 a zu § 44.

[7]) So: Schwarz 2 zu § 44; Feisenberger 1 zu § 44; Kohlrausch 1 zu § 338; Daude 83 zu § 296; vgl. auch: Hümmer DJZ 1906, 1361.

[8]) Vgl. auch oben auf Seiten 5 f.

[9]) So ausdrücklich: RGStr. 22, 31 (32); Gerland 184 Fußnote 38.

[10]) RGStr. 22, 31 (32).

[11]) Buhmann 69 f.

[12]) Vgl. Hahn 42, 265 (zu § 325 des Entwurfs), 1063, 1411, 1973, 2097 (zu § 405 StPO a. F.) sowie die Bemerkungen zu den allgemeinen Vorschriften über Rechtsmittel: 37, 245, 984 f., 1379, 1575, 1973 und 2096.

[13]) RGStr. 22, 31 (32).

akzessorischen Natur mittelbar der Anfechtung gerichtlicher Entscheidungen dient [14]) und genau wie die Rechtsmittel die Beseitigung einer nachteiligen Prozeßlage anstrebt.

Von größerem Gewicht ist ein anderes, nicht nur vom Reichsgericht verwendetes Argument [15]): die Staatsanwaltschaft könne schon deswegen nicht zugunsten eines Angeklagten Wiedereinsetzung begehren, weil sie die zur Wiedereinsetzung unerläßliche Nachholung der versäumten Prozeßhandlung nicht selbst vollziehen könne.

Es ist richtig, daß die Staatsanwaltschaft die versäumte Prozeßhandlung nicht für den Angeklagten nachholen kann. Eine solche Berechtigung gewinnt sie auch nicht über § 296 II, denn soweit sie gemäß dieser Bestimmung ein Rechtsmittel zugunsten des Angeklagten einlegen kann, handelte es sich anerkanntermaßen um ihr eigenes Rechtsmittel, das heißt sie macht ein eigenes Recht zugunsten des Angeklagten geltend [16]). Eine Nachholung der vom Angeklagten versäumten Vornahme einer fristgebundenen Prozeßhandlung würde jedoch die Geltendmachung eines fremdem Rechts bedeuten, zu der die Staatsanwaltschaft nicht legitimiert ist.

Damit ist das ganze Problem aber noch nicht im Sinne der herrschenden Lehre abgetan. In den Fällen, in denen der Angeklagte die fristgebundene Prozeßhandlung schon (verspätet) vorgenommen hat — und das wird der Regelfall sein —, bedarf es keiner erneuten Vornahme im Wiedereinsetzungsverfahren. Es genügt vielmehr eine Bezugnahme, wie sie § 236 Ziffer 3 ZPO ausdrücklich zuläßt [17]). Einer solchen Bezugnahme durch die Staatsanwaltschaft stünde aber nichts entgegen [18]). Anders ist die Lage allerdings, wenn der wiedereinsetzungsberechtigte Angeklagte überhaupt untätig geblieben ist. Dann vermag die Staatsanwaltschaft ohne seine Mitwirkung keine Wiedereinsetzung zu seinen Gunsten zu betreiben, da der Wiedereinsetzungsantrag sich auf eine konkrete, bereits vollzogene Prozeßhandlung beziehen muß, und der Antrag, Wiedereinsetzung „zur Nachholung" einer versäumten Prozeßhandlung zu gewähren, den gesetzlichen Anforderungen nicht genügt [19]).

Nach Ansicht des Reichsgerichts [20]) steht einem Wiedereinset-

---

[14]) Vgl. schon oben Seite 3.

[15]) So auch: Löwe-Rosenberg 9 zu § 44; Köhler GS 53, 323 Fußnote 1.

[16]) Vgl. Löwe-Rosenberg 6 zu § 296; KMR 3 f. zu § 296; auch: Buhmann 69 f.

[17]) Nach allgemeiner Ansicht genügt eine Bezugnahme auch bei einem strafprozessualen Wiedereinsetzungsantrag: vgl. statt aller: Schmidt 10 zu § 45.

[18]) Die Bezugnahme ist eine bloße Formalie. Aus dem engen Zusammenhang zwischen Gesuch und Prozeßhandlung entstehen daher entgegen der Ansicht Ullmann's 273 eben wegen der Bezugnahmemöglichkeit keine Bedenken.

[19]) Vgl. den Fall in der Entscheidung BGHStr. 1, 44.

[20]) RGStr. 22, 31 (32).

zungsgesuch der Staatsanwaltschaft zugunsten eines Angeklagten schließlich entgegen, daß nach dem Wortlaut des § 44 der „Antragsteller" an der Einhaltung der Frist verhindert gewesen sein müsse. Wenn die Staatsanwaltschaft zugunsten des Angeklagten ein Wiedereinsetzungsgesuch einreiche, sei sie selbst an der Wahrung einer Frist aber nicht verhindert gewesen. Demgegenüber sei bemerkt, daß es gerade die Frage ist, ob Antragsteller n u r derjenige sein kann, der selbst eine Frist versäumt hat. Wäre die enge Auffassung des Reichsgerichtes zutreffend, müßte es konsequenterweise auch dem Verteidiger eines Angeklagten, sofern er nicht Vertreterfunktion ausübt, die Befugnis absprechen, zugunsten des Angeklagten auf Wiedereinsetzung anzutragen.

Dem Verteidiger wird man dieses Recht — analog § 297[21]) — aber nicht vorenthalten können, und die herrschende Lehre gewährt es ihm auch[22]). Diese unterschiedliche Behandlung des Verteidigers und der Staatsanwaltschaft ist prozessual aber nicht gerechtfertigt. Prozessual gesehen, das heißt was die analoge Anwendung der §§ 296 ff. auf den Wiedereinsetzungsantrag betrifft, ist es nicht bedenklicher, der Staatsanwaltschaft analog § 296 II das Recht, zugunsten des Angeklagten auf Wiedereinsetzung anzutragen, zu verleihen, als den § 297 analog auf die Wiedereinsetzung anzuwenden[23]). Sicher ist im Falle des § 297 eine Analogie wegen der engeren Beziehungen des Verteidigers zu dem Angeklagten eher geboten[24]). Aber es läßt sich doch nicht übersehen, daß die theoretischen Bedenken, die angeblich einem Wiedereinsetzungsgesuch der Staatsanwaltschaft zugunsten des Angeklagten entgegenstehen, im wesentlichen auch auf eine Analogie zu § 297 zuträfen und h i e r offenbar nicht für unüberwindlich gehalten werden.

Eine theoretische Gleichbehandlung ist also geboten. Selbst ein Vertreter der herrschenden Lehre hält eine solch einheitliche Stellungnahme ersichtlich für notwendig, will Ullmann[25]) doch in Hinblick auf die „Eigenart des Instituts" der Wiedereinsetzung a l l e n gemäß den §§ 338 ff. StPO a. F. (§§ 296 ff.) zu einer Rechtsmitteleinlegung zugunsten des Angeklagten befugten Personen das Recht versagen, für den Angeklagten auf Wiedereinsetzung anzutragen. Wenn auch Ullmann's Auffassung nicht billigenswert ist, den Vor-

---

[21]) § 297 gewährt dem Verteidiger allerdings kein eigenes Recht: Löwe-Rosenberg 2 zu § 297; Schwarz 2 zu § 297; Erbs I zu § 297; RGStr. 66, 209 (211).

[22]) Vgl. Schmidt 5 zu § 44; Bennecke-Beling 306 Fußnote 20; Köhler GS 53, 323 Fußnote 1.

[23]) Mit einer ausdrücklichen Vollmacht des Angeklagten kann der Verteidiger selbstverständlich stets ein Wiedereinsetzungsgesuch stellen.

[24]) Auch § 302 II wird man zugunsten des Beschuldigten analog anwenden müssen, wenn der Verteidiger Wiedereinsetzung beantragt hat.

[25]) Ullmann 273.

wurf der Inkonsequenz kann man ihm nicht machen. Auch Bennecke-Beling [26]) scheinen von der Notwendigkeit einer Gleichbehandlung überzeugt zu sein. Ohne nähere Unterscheidung wollen sie allen Personen, die zugunsten des Angeklagten von den zulässigen Rechtsmitteln Gebrauch machen dürfen, die Befugnis zugestehen, ein Wiedereinsetzungsgesuch zugunsten des Angeklagten anzubringen.

Überzeugend ist die Argumentation des Reichsgerichtes also nicht.

Buhmann [27]) versucht, die herrschende Lehre von der Interessenlage her zu stützen. Er meint, wenn die Staatsanwaltschaft ihre eigene Rechtsmittelfrist ungenutzt verstreichen lasse, dann habe sie damit in „unanfechtbarer Weise" ein mangelndes öffentliches Interesse an Benutzung der Frist kundgegeben. Beantrage die Staatsanwaltschaft dennoch nach Fristablauf Wiedereinsetzung zugunsten des Angeklagten, dann nehme sie nicht mehr, wie ihr das einzig zustehe, ein Interesse des Staates, sondern ein privates Interesse des Angeklagten wahr. Auch Stenglein [28]) macht geltend, daß die Staatsanwaltschaft, falls ein öffentliches Anfechtungsinteresse bestehe, die entsprechenden Prozeßhandlungen innerhalb der für sie laufenden Frist selbst vornehmen könne.

Richtig ist, daß die Staatsanwaltschaft eine im öffentlichen Interesse wirkende Behörde ist, und ihr die Wahrnehmung privater Interessen nicht obliegt. Aber die Wahrung eines fremden Rechts, um das sich die Staatsanwaltschaft, indem sie für den Angeklagten Wiedereinsetzung beantragt, notwendig bemühen würde, bedeutet noch nicht, daß damit auch nur ein privates Interesse wahrgenommen wird. Auch wenn man sich Buhmann's Lehre von der unanfechtbaren Kundgebung eines mangelnden öffentlichen Interesses an der Anfechtung einer Entscheidung einmal zueigen machen wollte, wird man zugeben müssen, daß eine solche Kundgebung ein dennoch vorhandenes öffentliches Anfechtungsinteresse in seinem Bestand nicht zu beeinträchtigen vermöchte, sondern allenfalls seine prozessuale Geltendmachung ausschlösse. Objektiv würde die Staatsanwaltschaft also, auch nach vorangegangener unanfechtbarer Kundgebung eines fehlenden Anfechtungsinteresses, durch ein Wiedereinsetzungsgesuch zugunsten des Angeklagten dann im öffentlichen Interesse tätig werden, wenn jene Kundgebung falsch war, und ein öffentliches Interesse an einer Anfechtung der Entscheidung doch bestand.

Fraglich ist in diesem Zusammenhang letztlich also nur, ob die Staatsanwaltschaft, wenn objektiv ein öffentliches Anfechtungsinteresse besteht und staatliche Anfechtungsmittel nicht angebracht worden sind, das staatliche Interesse noch dadurch wahrnehmen darf, daß

[26]) Bennecke-Beling 306 Fußnote 20.
[27]) Buhmann 69 f.
[28]) Stenglein 61.

sie ein fremdes Anfechtungsmittel zu fördern versucht. Buhmann glaubt, die Staatsanwaltschaft habe sich diesen Weg dadurch abgeschnitten, daß sie „unanfechtbar" das Fehlen eines Interesses an der Anfechtung kundgegeben habe.

Angreifbar ist aber schon die Behauptung, die Nichtausnutzung einer Anfechtungsfrist sei grundsätzlich eine „Kundgebung" der Staatsanwaltschaft. Es ist zum Beispiel möglich, daß die Staatsanwaltschaft ein eigenes Rechtsmittel einlegen wollte, die Frist aber versehentlich versäumte. Hier ist nichts „kundgegeben", und wenn man sich dieses Ausdrucks doch bedienen will, muß man hinzusetzen: scheinbar. Aber diese Fälle sind selten. Regelmäßig ist, wenn die Staatsanwaltschaft eine Rechtsmittelfrist nicht ausnutzt, der Schluß gerechtfertigt, daß sie nicht anfechten wollte, also ein öffentliches Interesse an einer Anfechtung verneint hatte. Das Untätigbleiben der Staatsanwaltschaft aber als „Kundgebung" zu bezeichnen, verträgt sich nicht mit dem Sprachgebrauch. Kein Staatsanwalt hat das Empfinden und den Willen, eine „Kundgebung" zu veranstalten, indem er eine Anfechtungsfrist nicht ausnutzt.

Aber selbst wenn man sich bei diesem Ausdruck beruhigen wollte, unannehmbar ist Buhmann's weitere Behauptung, solche Kundgebungen seien „unanfechtbar". Der Zusatz „unanfechtbar" läßt erkennen, daß jene Kundgebungen nach Buhmann's Auffassung Prozeßhandlungscharakter haben, denn „anfechtbar" im Rechtssinne sind nur Handlungen rechtlicher Qualität. Untätigkeit innerhalb einer Anfechtungsfrist ist jedoch keine Prozeßhandlung, sondern ein tatsächliches Verhalten [29]). Ein tatsächliches Verhalten ohne Prozeßhandlungsqualität kann aber mangels Anfechtbarkeit begrifflich auch nicht unanfechtbar sein. Erwägenswert ist allenfalls, ein tatsächliches Verhalten unter dem Gesichtspunkt eines „venire contra factum proprium" für rechtlich bindend zu erklären. Dafür fehlt aber die Veranlassung. Warum sollte die Staatsanwaltschaft, wenn sie nach Fristablauf erkennt, daß sie das öffentliche Interesse an der Anfechtung einer Entscheidung z u g u n s t e n des Angeklagten irrig verneint hat, nicht versuchen, ihrer besseren Erkenntnis zum Siege zu verhelfen? Oberstes Ziel eines jeden Strafverfahrens ist doch die Erforschung der materiellen Wahrheit. Einen gerechten Richterspruch anzustreben, ist vornehmste Aufgabe der Staatsanwaltschaft.

Doch erschöpft sich darin ihr Wirkungsbereich nicht. So mag die Staatsanwaltschaft es zum Beispiel für geboten erachten, zugunsten eines Angeklagten, dessen Rechtsmittel andernfalls endgültig verloren ginge, um Wiedereinsetzung zu bitten, n u r damit die formale Härte des Gesetzes dessen Rechtsgefühl nicht erschüttere. Auf mannigfache Weise können Gerechtigkeit und Rechtsempfinden bedroht

---

[29]) Vgl. oben Seite 78.

sein. Ebenso vielfältig sind aber die Aufgaben der Staatsanwaltschaft. Dieser Vielfalt wird Buhmann's Lehre nicht gerecht, der einseitig nur eine Anfechtung gerichtlicher Entscheidungen im Auge hat.

Die Erwägungen der herrschenden Lehre sind insgesamt also nicht überzeugend.

Für einen Wiedereinsetzungsantrag der Staatsanwaltschaft zugunsten des Angeklagten spricht, daß dieser Behörde soweit möglich die für ihre rechtspflegerische Tätigkeit geeigneten prozessualen Mittel an die Hand gegeben werden sollten. Gegenüber dem Bestreben, der Gerechtigkeit zum Siege zu verhelfen, müssen formale Bedenklichkeiten zurückgestellt werden. Wenn zum Beispiel nach Ansicht der Staatsanwaltschaft eine gerichtliche Entscheidung unrichtig ist, dann ist es auch wünschbar, daß die Staatsanwaltschaft auf jede prozessual tragbare Weise eine Abänderung des fehlerhaften Erkenntnisses anstrebt. Stehen ihr eigene Anfechtungsmittel nicht mehr zur Verfügung, aus welchem Grunde auch immer, ist nichts dagegen einzuwenden, daß sie ihr Ziel durch eine — prozessual mögliche — Förderung fremden Rechts zu erreichen sucht. Der Rechtssicherheit wird dadurch kein unzulässiger Abbruch getan, denn deren Belange sind vom Gesetz selbst durch Zulassung einer Wiedereinsetzung beeinträchtigt worden, und die Übertragung der Befugnis auf die Staatsanwaltschaft, für den Angeklagten um Wiedereinsetzung nachzusuchen, bedeutet keine Erweiterung der Wiedereinsetzungsmöglichkeiten, da die Staatsanwaltschaft nicht in weiterem Umfange für den Angeklagten Wiedereinsetzung erlangen kann, als dieser sie bei eigenem Antrag erwarten könnte.

Freilich wird ein Wiedereinsetzungsantrag der Staatsanwaltschaft zugunsten des Angeklagten nur in sehr beschränkten Umfange möglich sein.

Ein solches Gesuch wird verständigerweise nur angebracht werden, wenn dies im öffentlichen Interesse liegt. Eine Förderung ausschließlich privater Interessen ist nicht Sache der Staatsanwaltschaft. Schon aus diesem Grunde wird sie nur in seltenen Fällen zugunsten des Angeklagten ein Wiedereinsetzungsverfahren betreiben, so etwa dann, wenn sie selbst ein Rechtsmittel zugunsten des Angeklagten einlegen wollte, aber die Anfechtungsfrist schuldhaft versäumte, oder wenn sie erst nach Fristablauf erkennt, daß ein öffentliches Anfechtungsinteresse vorhanden ist. Aber auch, wenn ein öffentliches Interesse an der Anfechtung einer Entscheidung nicht besteht, kann eine Wiedereinsetzungsbitte zugunsten eines Angeklagten im öffentlichen Interesse liegen, dann zum Beispiel, wenn der Angeklagte den Verlust eines Rechtsmittels als unbillig hart empfinden müßte. Es kommt hier alles auf den Einzelfall und das pflichtgemäße Ermessen der Staatsanwaltschaft an.

Selbst wenn dergestalt ein öffentliches Interesse besteht, ist die Einreichung eines Wiedereinsetzungsgesuches zugunsten des Angeklagten nur dann sinnvoll, wenn der schuldlos säumige Angeklagte selbst schon die versäumte Prozeßhandlung nachgeholt hat. Diese Nachholung ist eine höchstpersönliche Befugnis [30]) und kann dem Angeklagten nicht von der Staatsanwaltschaft abgenommen werden. Ist der Angeklagte noch nicht tätig geworden, wäre die Einreichung eines Wiedereinsetzungsgesuches zu seinen Gunsten gegenstandlos. In solchen Fällen ist es der Staatsanwaltschaft natürlich nicht verwehrt, den Angeklagten zu der versäumten Anfechtung anzuregen und ihn auf die Wiedereinsetzungsmöglichkeit aufmerksam zu machen [31]).

Hat der Angeklagte aber bereits verspätet angefochten (oder eine sonstige fristgebundene Prozeßhandlung schon verspätet vorgenommen), dann kann die Staatsanwaltschaft unter Bezugnahme auf die verspätete Prozeßhandlung — falls in dieser nicht schon ein stillschweigender Wiedereinsetzungsantrag des Angeklagten selbst liegt — zu seinen Gunsten Wiedereinsetzung beantragen. Der Erfolg des Gesuchs hängt dann davon ab, daß es der Staatsanwaltschaft gelingt, eine schuldlose Säumnis des Angeklagten glaubhaft zu machen.

Rechtlich unerheblich ist es, ob der säumige Angeklagte eine Wiedereinsetzung wünscht. Das Antragsrecht der Staatsanwaltschaft ist unabhängig von einem entsprechenden Willen des Angeklagten. Das wird schon dadurch bewiesen, daß unstreitig die Staatsanwaltschaft gegen einen das eigene Wiedereinsetzungsgesuch des Angeklagten verwerfenden Gerichtsbeschluß gemäß § 296 II Beschwerde zugunsten des Angeklagten einlegen kann [32]). Mittels der Beschwerde kann sie aber Wiedereinsetzung zugunsten des Angeklagten auch dann begehren, wenn der Angeklagte sich bereits bei der ablehnenden Entscheidung beruhigt hatte oder gar eine Wiedereinsetzung nicht mehr wünscht. Praktisch ist ein Wiedereinsetzungsgesuch zugunsten eines Angeklagten aber nur dann sinnvoll, wenn es nicht gegen seinen Willen eingereicht wird, da es ihm freisteht, das Anfechtungsmittel nach vollzogener Wiedereinsetzung — so weit nicht § 303 entgegensteht — zurückzunehmen [33]).

Allgemein und abschließend sei darauf hingewiesen, daß es nicht Aufgabe der Staatsanwaltschaft ist, einem Angeklagten die eigene

---

[30]) Insoweit richtig: RGStr. 22, 31 (32).

[31]) Vgl. Hümmer DJZ 1906, 1361 (1362).

[32]) Vgl. richtig: Koch 3 zu § 46; Ullmann 274 Fußnote 1; Buhmann 70; Beling ZStrW 27, 792 (797); Hümmer DJZ 1906, 1361 (1362).

[33]) Auf ein von der Staatsanwaltschaft zugunsten des Beschuldigten eingereichtes Wiedereinsetzungsgesuch wird man auch § 302 I Satz 2 analog anwenden können: die Staatsanwaltschaft kann ihr Gesuch also nicht ohne Zustimmung des Beschuldigten zurücknehmen.

Mühe um eine Wiedereinsetzung abzunehmen. Die Staatsanwaltschaft sollte erst dann von ihrem Recht, zugunsten eines Angeklagten auf Wiedereinsetzung anzutragen, Gebrauch machen, wenn keine andere Möglichkeit, der verspäteten Prozeßhandlung zu prozessualer Beachtlichkeit zu verhelfen, besteht, oder ein solcher Antrag die Situation vereinfacht. Diese andere Möglichkeit wird aber oftmals darin bestehen, daß die Staatsanwaltschaft den Angeklagten zu einem eigenen Wiedereinsetzungsantrag anregt. Nur wenn eine solche Anregung, etwa wegen drohenden Ablaufs der Wiedereinsetzungsfrist des § 45 [34]) untunlich oder nach Lage der Dinge umständlich ist, ist ein Antrag der Staatsanwaltschaft selbst geboten. Zum Beispiel wird es im Interesse rascher Verfahrensgestaltung oftmals zweckmäßig sein, daß die Staatsanwaltschaft für den Angeklagten um Wiedereinsetzung bittet, wenn dieser die kurze Einwochenfrist zur Einreichung eines Antrages auf Bestellung eines Verteidigers (§ 140 III) versäumt hat.

Eine Befugnis der Staatsanwaltschaft, Wiedereinsetzung zugunsten des Angeklagten zu beantragen, ist also grundsätzlich anzuerkennen [35]).

G. Kann Wiedereinsetzung in den vorigen Stand von Amts wegen gewährt werden?

Eine Wiedereinsetzung muß — so steht es im Gesetz — „beansprucht" werden. Die Ausdrucksweise des Gesetzes ist eindeutig

---

[34]) Der Lauf der Wiedereinsetzungsfrist des § 45 bestimmt sich, auch wenn die Staatsanwaltschaft zugunsten des Angeklagten einen Antrag einreicht, nach den Verhältnissen des Angeklagten, da der Fristenlauf von Umständen in der Sphäre des Säumigen (Behebung des Hindernisses) abhängig ist.

[35]) Auch dem gesetzlichen Vertreter eines Beschuldigten wird man analog § 298 dieses Recht gewähren können. Die ganz überwiegende Meinung verhält sich allerdings auch hier ablehnend:

vgl. KMR 5 zu § 298; Schwarz 1 A zu § 298; Ullmann 273; Potrykus NJW 1954, 1836; siehe auch: RGStr. 38, 9; wie hier aber: Bennecke-Beling 306 Fußnote 20.

Die herrschende Lehre weist auf die fehlende Rechtsmittelqualität des Wiedereinsetzungsgesuches hin. Daß dieses Argument gegen eine analoge Anwendung des § 298 nicht durchschlägt, versteht sich aus den bereits oben auf den Seiten 94 ff. zu § 296 II dargelegten Gründen.

Für eine Analogie spricht auch hier die rechtsmittelähnliche Funktion der Wiedereinsetzungsbitte und die Interessenlage. Der gesetzliche Vertreter wird zugunsten des Beschuldigten tätig und es ist nicht einzusehen, wieso er nicht dem Beschuldigten, falls ein eigenes Rechtsmittel nicht mehr angebracht oder durch Wiedereinsetzung gerettet werden kann, durch einen Wiedereinsetzungsantrag sollte beispringen dürfen. Der gesetzliche Vertreter kann also bei Versäumung einer fristgebundenen Prozeßhandlung durch den Beschuldigten zu dessen Gunsten Wiedereinsetzung beantragen.

und läßt, dem Wortlaut nach, keinen Raum für eine Wiedereinsetzung von Amts wegen. Das ist auch einhellige Meinung in Rechtsprechung und Schrifttum [1]).

Das Verbot einer Wiedereinsetzung von Amts wegen ist jedoch nicht etwas dem Wiedereinsetzungsrecht überhaupt Eigentümliches. Einige Verfahrensgesetze lassen eine Wiedereinsetzung von Amts wegen vielmehr ausdrücklich zu. Eine solche Regelung findet sich zum Beispiel in § 87 IV AO [2]), § 33 III VO 165, § 134 II, III des Flurbereinigungsgesetzes vom 14. 7. 1953 und fand sich früher in dem § 52 II des Landesverwaltungsgesetzes aus dem Jahre 1883 [3]). Anfänglich hatte sogar das Reichsmilitärgericht [4]) im Hinblick auf den Wortlaut des § 149 II MStGO, in dem es hieß, daß es eines „förmlichen Gesuches" um Wiedereinsetzung nicht bedürfe, deren Erteilung von Amts wegen für statthaft gehalten, gab diese Rechtsprechung aber schon bald wieder auf [5]), ohne damit jedoch ungeteilten Beifall zu finden [6]).

Insgesamt läßt sich feststellen, daß eine Wiedereinsetzung von Amts wegen nur ausnahmsweise vorgesehen ist, und das Gesetz in der Regel an dem Antragserfordernis festhält. Darauf dürfte es auch zurückzuführen sein, daß das Problem einer Wiedereinsetzung von Amts wegen keine nennenswerte Durcharbeitung erfahren hat. Eine Ausnahme insoweit machen nur Strauß (de lege ferenda) [7]) und vor allem Gerland [8]), dessen beachtliche Ausführungen leider nirgends Beachtung gefunden haben.

Begrifflich ist eine Wiedereinsetzung von Amts wegen eine nicht beantragte gerichtliche Erklärung der Zulässigkeit einer verspäteten Prozeßhandlung. Der mögliche Bereich einer Wiedereinsetzung von Amts wegen läßt sich also durch eine genaue Bestimmung des Begriffs des Wiedereinsetzungsantrages abgrenzen. Inwieweit ein Bedürfnis nach einer Wiedereinsetzung von Amts wegen besteht, vermag daher erst dann entschieden zu werden, wenn diese Bestimmung getroffen worden ist. Erst dann läßt sich feststellen, welcher Raum für eine amtswegige Wiedereinsetzung verbleibt, und ob es Fälle

---

[1]) So: RGStr. 53, 300 (301 f.); 76, 178 (179); RGZ 166, 126 (128); RG JW 1881, 34; BGH LM § 234 ZPO Nr. 8; Löwe-Rosenberg 9 zu § 44; Schmidt 7 zu § 44; KMR 2 zu § 44; Schwarz 2 B zu § 44; Dalcke 2 zu § 44; Erbs IX zu § 44; Feisenberger 1 zu § 44; Kohlrausch 4 zu § 44.

[2]) Vgl. RFH (Großer Senat) JW 1922, 925 (927).

[3]) Vgl. dazu: Preuß. OVG. 26, 354 f.; 30, 290 (294); 35, 135 (138); 49, 155 (157 f.); 71, 445 (447); 87, 391 (397).

[4]) RMG. 1, 2 (4, 6) und 39 (41).

[5]) RMG. 4, 296 (298 f.); 5, 63 (64).

[6]) Zustimmend: Ditzen GA 52, 363 (367); ablehnend: Beling ZStrW 38, 465 (489); Gerland GS 69, 194 (263 ff.).

[7]) Strauß GS 108, 41 (53 f.).

[8]) Gerland GS 69, 194 (263 ff.).

gibt, die einer Wiedereinsetzung zugänglich gemacht werden sollten, unter dem Gesichtspunkt einer „beantragten" Wiedereinsetzung aber nicht zu lösen sind.

Im allgemeinen geht die Tendenz der Praxis dahin, die an ein Wiedereinsetzungsgesuch zu stellenden Anforderungen weitherzig zu handhaben.

Einmütigkeit herrscht zunächst darüber, daß die falsche Bezeichnung eines Wiedereinsetzungsgesuches unschädlich ist [9]).

Unstreitig ist fernerhin, daß ein stillschweigender Wiedereinsetzungsantrag genügt [10]). Es ist richtig, daß auch der Wiedereinsetzungsantrag, wie jede andere nicht formgebundene Prozeßhandlung, sofern nicht ausdrücklich das Gegenteil bestimmt ist, stillschweigend, das heißt schlüssig angebracht werden kann.

Anerkannt ist schließlich, daß die Angabe der Wiedereinsetzungstatsachen und ihrer Glaubhaftmachungsmittel fehlen darf, wenn die Wiedereinsetzungsgründe offenkundig [11]), oder, was praktisch von größerer Bedeutung ist, gerichtskundig, insbesondere aktenkundig, sind [12]). Den aktenkundigen Tatsachen will das Kammergericht [13]) Tatsachen, die mit großer Wahrscheinlichkeit zu vermuten sind, und das Reichsgericht [14]) — zustimmend Lucas [15]) — solche Tatsachen gleichstellen, die zwar noch nicht aus den Gerichtsakten ersichtlich sind, von denen aber schon innerhalb der Wiedereinsetzungsfrist feststeht, daß sie vor der Entscheidung über das Wiedereinsetzungsgesuch von Amts wegen festgestellt und damit gerichtskundig werden können. Überwiegend steht man dabei auf dem Standpunkt, daß der Antragsteller gehalten ist, auf die Tatsachen, die sich aus den Gerichtsakten ergeben, Bezug zu nehmen [16]). Demgegenüber hat jedoch das Reichsgericht in der bedeutungsvollen und noch eingehend zu würdigenden Entscheidung RGZ 169, 196 ff. den Mangel

---

[9]) Siehe oben auf Seite 5.

[10]) Siehe: RG JW 1935, 277; RMG. 20, 189 (190); RErbhG JW 1935, 615 Nr. 23; Preuß. OVG JW 1933, 573 Nr. 1; OLG Königsberg Warn. J. 1908 § 236 ZPO Nr. 1; Rosenberg 334; Stein JW 1920, 149 f. zu Nr. 3; Walsmann JW 1933, 573 zu Nr. 1.

[11]) DOG JR 1951, 215; auch: KG JW 1934, 3221 Nr. 1.

[12])) So: RGZ 38, 387 (388 f.); 131, 261 (263); 169, 196 (200); RG: LZ 1918, 50; 1919, 888 (890); 1921, 108 f.; JW 1935, 277 Nr. 7; 1937, 1061 Nr. 8; DPA: GRUR 1951, 456 (457); GRUR 1951, 508 (509 l. Sp.); OGHZ 2, 236 (238 f.); OLG: Celle Nds. Rpfl. 1951, 13 f.; München OLG Rspr. 33, 55; LAG: Hannover AP 1953 Nr. 193 (Seite 268); Heidelberg AP 1950 Nr. 106 (Seite 378); AP 1951 Nr. 78 (Seite 282); AP 1951 Nr. 104 (Seite 379); Rosenberg 334; Löwe-Rosenberg 8 zu § 45.

[13]) KG JW 1934, 3221 Nr. 1.

[14]) RGZ 131, 261 ff. (= RG JW 1931, 1799 f. Nr. 11).

[15]) Lucas JW 1931, 1799 zu Nr. 11.

[16]) So: KG JW 1932, 2893 Nr. 2; Bötticher AP 1953, 269 (271); Sydow-Busch 3 zu § 236.

einer solchen Bezugnahme für unschädlich gehalten [17]). Diese Auffassung ist billigenswert. Obwohl eine Bezugnahme auf die aus den Akten ersichtlichen Wiedereinsetzungsgründe sehr wünschenswert ist, weil sie dem Gericht ihre Auffindung erleichtert, sollte man ein Wiedereinsetzungsgesuch nicht deswegen ablehnen, weil diese Bezugnahme — eine bloße Formalie letztlich — unterblieben ist. Solche Ablehnung ist insbesondere dann sehr unbefriedigend, wenn dem Gericht die Aktenkundigkeit der Wiedereinsetzungsgründe ohnehin bekannt ist.

Streit setzt ein über der Frage, w a n n von einem stillschweigenden Wiedereinsetzungsantrag gesprochen werden darf.

Im allgemeinen soll es genügen, daß irgendwelche Anhaltspunkte erkennbar sind, aus denen das Wiedereinsetzungsbegehren entnommen werden kann [18]), daß irgendwie zum Ausdruck gekommen ist, daß die verspätete Prozeßhandlung trotz der Verspätung noch zugelassen werden soll [19]).

In der Vornahme der verspäteten Prozeßhandlung selbst sieht eine verbreitete Lehre jedoch noch nicht den Ausdruck eines solchen Willens, da, so wird geltend gemacht, das Gesetz neben der Nachholung ausdrücklich ein Wiedereinsetzungsgesuch verlange [20]), und zwar „zwingend", wie das Reichsgericht einmal meint [21]). In der Nachholung der versäumten Handlung liegt nach dieser Auffassung auch dann kein stillschweigender Wiedereinsetzungsantrag, wenn im übrigen die Versäumnisgründe aktenkundig sind [22]).

Diese Ansicht ist jedoch auf Widerspruch gestoßen. Schon in der wenig beachteten Entscheidung des Reichsgerichtes in Warn. 1941 Nr. 125 ist in der verspätet vorgenommenen Prozeßhandlung zugleich das Begehren auf Zulassung dieser Handlung, also ein Wiedereinsetzungsantrag gesehen worden, weil im übrigen der für die Wiedereinsetzung in Betracht kommende Sachverhalt aktenkundig gewesen war. In ähnlicher Weise hat der Oberste Gerichtshof für die Britische Zone [23]) — ohne allerdings auf die vorerwähnte Entscheidung des Reichsgerichts Bezug zu nehmen — in einer verspäteten Prozeßhandlung deshalb zugleich ein Wiedereinsetzungsgesuch ge-

---

[17]) In demselben Sinne anscheinend auch das Reichsgericht in der Entscheidung RG Warn. 1941 Nr. 125.

[18]) Siehe: Bergmann JW 1937, 2097 (2081).

[19]) So: RG JW 1915, 147 Nr. 12; OLG Stuttgart LZ 1914, 1725.

[20]) Vgl. RG JW 1935, 277 Nr. 7; RGStr. 53, 300 (301 f.); Stein-Jonas-Schönke III zu § 236; Baumbach-Lauterbach 2 D zu § 233; Rosenberg 334.

[21]) RGStr. 53, 300 (301 f.).

[22]) So: RG JW 1935, 277 Nr. 7; Stein-Jonas-Schönke III zu § 236 und Fußnote 4 b daselbst.

[23]) OGHZ 3, 262 ff.

sehen, weil sich aus ihr ohne weiteres die Verspätung ergab[24]), während das Oberlandesgericht Hamm[25]) anscheinend noch weitergehend als der Oberste Gerichtshof „zur Vermeidung eines unbilligen Ergebnisses" in der verspäteten Erhebung einer Nichtigkeitsklage zugleich ein Wiedereinsetzungsgesuch sehen will, ohne es darauf abzustellen, ob aus der verspäteten Prozeßhandlung selbst die Verspätung ersichtlich ist.

Der weiteren Auffassung ist beizustimmen. Der Wortlaut des Gesetzes (§ 45 II)[26]) zwingt nicht zu der überwiegend vertretenen Ansicht. Dem Wortlaut des Gesetzes, demzufolge mit dem Gesuche zugleich die versäumte Handlung nachgeholt werden muß, ist Genüge getan, wenn die nachgeholte Handlung zugleich ein stillschweigendes Wiedereinsetzungsgesuch enthält. Auch in diesem Falle ist mit dem Gesuch zugleich die versäumte Handlung nachgeholt. § 45 II will nur klarstellen, daß ein Wiedereinsetzungsgesuch alleine nicht genügt, sondern vor der Entscheidung über die Wiedereinsetzung auch die versäumte Handlung nachgeholt werden muß. Das heißt aber nicht, daß tatsächlich zwei Handlungen vollzogen sein müssen. Entcheidend ist vielmehr, daß rechtlich außer der Nachholung der versäumten Handlung auch ein Wiedereinsetzungsgesuch existent ist. Ein äußerer Vorgang kann rechtlich verschieden bewertet werden, also rechtlich eine Doppelwirkung haben. Von dieser Erkenntnis im Falle der Wiedereinsetzung abzugehen, wäre nicht nur formalistisch sondern auch bar einer überzeugenden Begründung.

Gegen die hier vertretene Anschauung spricht nicht, daß es in manchen Gesetzen, die eine Wiedereinsetzung von Amts wegen kennen, heißt, Wiedereinsetzung könne auch ohne Antrag bewilligt werden, wenn die versäumte Handlung innerhalb der Frist, die für die Wiedereinsetzung bestimmt sei, nachgeholt sei[27]). Wann ein Antrag gestellt oder nicht gestellt ist, darüber sagen Gesetzesstellen dieser Art nichts Verbindliches, insbesondere ist ihnen nicht zu entnehmen, daß die nachgeholte Prozeßhandlung nicht zugleich ein Wiedereinsetzungsgesuch sein kann.

Eine weitere Frage ist nun aber, unter welchen Voraussetzungen die nachgeholte Prozeßhandlung zugleich ein Gesuch um Wiedereinsetzung ist. Dieses Problem kann ohne eine Erörterung der Ent-

---

[24]) Ebenso: OLG Koblenz NJW/RzW 1951, 27 (30); Ferner: Baumbach-Lauterbach 1 A zu § 236; auch: OLG Hamm D. Rpfl. 1952, 83 (84); Arnold D. Rpfl. 1952, 84; Meyer-Zöller 1 a zu § 236; Dietz-Hülle 2 zu § 70.

[25]) OLG Hamm DRZ 1949, 448 (449) mit zustimmender Anmerkung von Rosenberg DRZ 1949, 449; vgl. auch: Stein JW 1920, 149 f. zu Nr. 3.

[26]) Eine dem § 45 II vergleichbare Bestimmung findet sich auch in etlichen anderen Gesetzen mit Wiedereinsetzungsvorschriften, so zum Beispiel in: § 236 ZPO, § 87 II AO, § 33 I VGG u. a.

[27]) Vgl. zum Beispiel: § 87 IV AO und § 36 III VO 165.

scheidung des Reichsgerichts in RGZ 169, 196 (198 ff.) nicht erschöpfend behandelt werden. In dem zur Entscheidung stehenden Falle hatte der Kläger verspätet Berufung eingelegt, aber geglaubt, das Rechtsmittel noch rechtzeitig angebracht zu haben. Das Reichsgericht begründet seinen Wiedereinsetzungsbeschluß, nachdem es zunächst festgestellt hatte, daß alle sachlichen Voraussetzungen der Wiedereinsetzung aktenkundig waren, mit der Überlegung, daß „nur der eigentliche Wiedereinsetzungsantrag" fehle, das heiße, „die Bitte, die Prozeßhandlung trotz Verspätung noch als fristwahrend anzunehmen". Der Mangel bestehe danach, so erklärt das Gericht, „da der Berufungskläger selbstverständlich eine fristwahrende Berufung einlegen wollte, letzten Endes nur in dem Fehlen eines Hinweises auf den bereits eingetretenen Fristablauf". „Daran", so schließt der entscheidende Senat, „kann die Wiedereinsetzung nicht scheitern". Abgesehen davon, ob das Reichsgericht hier nicht von Amts wegen wiedereingesetzt hat, zeigt der Passus, der Mangel bestehe „letzten Endes nur" in dem Fehlen eines Hinweises auf den bereits eingetretenen Fristablauf, so recht, wie weit die herrschende Tendenz zur Reduzierung der Antragserfordernisse dieser Entscheidung den Weg bereitet hatte.

In einem hinsichtlich der Problemstellung gleichen Falle hat auch das Oberlandesgericht Koblenz [28]) Wiedereinsetzung gewährt. Das Gericht behandelte die verspätete Klage (es handelte sich um einen Rückerstattungsfall) als ein stillschweigendes Wiedereinsetzungsgesuch, obwohl dem Kläger das Bewußtsein fehlte, die Klagefrist versäumt zu haben.

Die herrschende Lehre hält demgegenüber das Bewußtsein der Fristversäumnis für eine grundlegende und notwendige Voraussetzung eines jeden stillschweigenden Wiedereinsetzungsantrages. Der Antragsteller muß nach ihrer Meinung zumindest den Willen gehabt haben können, Wiedereinsetzung zu beantragen, wenn ein bestimmtes Verhalten als Wiedereinsetzungsantrag ausgelegt werden soll [29]). Die Bildung eines Wiedereinsetzungswillens setze voraus, daß der Antragsteller sich einer Fristversäumnis überhaupt bewußt gewesen sei [30]), weil er nur dann den Willen gehabt haben könne, Wiedereinsetzung zu begehren. Fehle dieses Bewußtsein, dann, so bemerkt der Bundesgerichtshof [31]), könne der Wille, Wiedereinsetzung zu beantragen, „den der Antragsteller nicht gehabt haben kann", auch nicht stillschweigend geäußert worden sein.

---

[28]) OLG Koblenz NJW/RzW 1951, 27 (30).

[29]) So: RGStr. 53, 300 (301); BGHZ 7, 194 (197 f.); BGH LM § 234 ZPO Nr. 8; RMG. 4, 296 (298); LG Bamberg JW 1929, 155 Nr. 16; LAG Hamburg LAG. 18, 82 (82 f., 85); Stein JW 1920, 149 (150) zu Nr. 3.

[30]) BGHZ 7, 194 (197).

[31]) BGH LM § 234 ZPO Nr. 8.

Diese Lehre kann sich sehr wohl auf logische Erwägungen berufen. Ein Prozeßbeteiligter, dem die Nichteinhaltung einer Frist unbekannt ist, kann nicht den Willen haben, Wiedereinsetzung wegen einer Fristversäumnis zu beantragen.

Aber das Oberlandesgericht Koblenz [32]) spricht dennoch in dem von ihm entschiedenen Falle [33]) von einem „stillschweigenden Wiedereinsetzungsantrag". Vom Standpunkt der herrschenden Lehre aus ist das nicht richtig. Ihre Vertreter hätten es abgelehnt, in der verspäteten Klage einen stillschweigenden Wiedereinsetzungsantrag zu sehen, da dem Kläger das Bewußtsein fehlte, eine Frist versäumt zu haben. Von ihrem Standpunkt aus hat das Oberlandesgericht Koblenz Wiedereinsetzung von Amts wegen gewährt, da ein Antrag nicht gestellt war. Die ausdrückliche Erklärung des Gerichtes, auf Grund eines stillschweigenden Antrages wiedereinzusetzen, läßt vermuten, daß es das Bewußtsein der Fristversäumnis nicht für eine notwendige Voraussetzung eines Wiedereinsetzungsantrages hält.

Das Reichsgericht scheint hier, bei gleicher Problemstellung in der Entscheidung RGZ 169, 196 ff. [34]), der Auffassung der herrschenden Lehre besser gerecht zu werden. Es spricht in jener Entscheidung an einer Stelle [35]) aus, daß, gerade weil dem Kläger die Fristversäumnis nicht bewußt geworden sei, kein stillschweigender Wiedereinsetzungsantrag gestellt worden sei. Es wird auch im allgemeinen angenommen, daß das Reichsgericht hier bewußt Wiedereinsetzung ohne Antrag, also von Amts wegen erteilt habe [36]). Aber diese Einschätzung der Entscheidung RGZ 169, 196 ff. hält einer gründlichen Analyse nicht Stand.

Im weiteren Verlauf seiner Erörterungen spricht das Reichsgericht nicht mehr schlechthin von dem Fehlen eines Antrages, sondern nur von dem Fehlen eines „eigentlichen" Wiedereinsetzungsantrages [37]). Man könnte einwenden, der Ausdruck „eigentlich" sei nur ein sachlich unbedeutendes, lediglich schmückendes Beiwort. Aber dieser Einwand wäre unzutreffend. Zwar definiert der erkennende Senat den Begriff des „eigentlichen Wiedereinsetzungsantrages" als die „Bitte, die Prozeßhandlung trotz Verspätung noch als fristwahrend anzunehmen". Das soll jedoch, ungeachtet des Wortlautes, nicht ohne weiteres heißen, daß eine Wiedereinsetzungsbitte überhaupt fehle. Heißt es doch im Anschluß daran sogleich, daß der Mangel „letzten

[32]) OLG Koblenz NJW/RzW 1951, 27 (30).
[33]) Vgl. oben auf Seite 106.
[34]) Vgl. schon oben auf Seite 106.
[35]) RGZ 169, 196 (199).
[36]) In diesem Sinne: Stein-Jonas-Schönke III zu § 236 und Fußnote 4 b daselbst; ferner: OGHZ 3, 262 (264).
[37]) RGZ 169, 196 (200).

Endes n u r . . in dem Fehlen eines Hinweises auf den bereits eingetretenen Fristablauf" bestehe [38]). Einen solchen Hinweis vermißt das Reichsgericht also letzten Endes, und n u r diesen Hinweis vermißt es. Das Fehlen eines Hinweises auf den bereits eingetretenen Fristablauf bedeutet aber keineswegs — nach Ansicht des Reichsgerichtes — das Fehlen eines irgendwie gearteten Wiedereinsetzungsbegehrens. Eine Wiedereinsetzungsbitte, und nichts anderes ist ja der Wiedereinsetzungsantrag, vermißt der Senat trotz mißverständlicher Ausdrucksweise schließlich anscheinend doch nicht. Daß der Mangel n u r in dem Fehlen eines Hinweises auf den bereits eingetretenen Fristablauf bestehe, das wird gerade damit begründet, der Kläger habe „selbstverständlich" eine fristwahrende Berufung einlegen w o l l e n. Dieser Wille des Klägers, jedenfalls eine fristwahrende Berufung einzulegen, s i e gilt dem Reichsgericht offenbar als ausreichende Wiedereinsetzungsbitte und damit als Wiedereinsetzungsantrag, zwar nicht als „eigentlicher" (aktueller), sondern als uneigentlicher, oder, man könnte auch sagen, potentieller.

In der Tat wäre es auch verwunderlich, wenn das Reichsgericht, hätte es ohne einen irgendwie gearteten Antrag wiedereinsetzen wollen, dies ohne einen Hinweis darauf getan hätte, daß es sich um eine von seiner bisherigen Rechtsprechung abweichende Billigkeitsentscheidung contra legem handele. Noch nicht einmal andeutungsweise ist jedoch hiervon die Rede.

Die Bedeutung des Urteils liegt also nicht etwa darin, daß — vom Standpunkt der herrschenden Lehre aus — unverhüllt von Amts wegen wiedereingesetzt worden wäre, sondern in einer E r w e i t e r u n g des Antragsbegriffes.

Der Gedanke eines potentiellen Wiedereinsetzungsantrages findet sich nicht nur in der erwähnten Entscheidung des Reichsgerichtes. Schon Gerland [39]) hat sich — wesentlich ausführlicher und klarer als das Reichsgericht [40]) — mit diesem Problem befaßt. Sein Ausgangspunkt ist allerdings ein anderer. Gerlands Ausführungen beziehen sich auf den § 149 II der Militärstrafgerichtsordnung vom 1. 12. 1898. In dieser Vorschrift hieß es, daß es eines „f ö r m l i c h e n Gesuches" um Wiedereinsetzung nicht bedürfe. Das Reichsmilitärgericht hatte aus dieser Bestimmung zunächst [41]) den Schluß gezogen, daß eine Wiedereinsetzung von Amts wegen zulässig sei, diese Ansicht späterhin [42]) aber wieder aufgegeben [43]). Gegen diese spätere Recht-

[38]) Gesperrt von mir.
[39]) Gerland GS 69, 194 (263 ff.).
[40]) Dem Reichsgericht sind die Ausführungen Gerland's wohl kaum bekannt gewesen.
[41]) So: RMG. 1, 2 (4, 6) und 39 (41).
[42]) So: RMG. 4, 296 (298 f.); 5, 63 (64).
[43]) Vgl. schon oben auf Seite 102.

sprechung richtet sich Gerland [44]). Seiner Auffassung nach gestattete § 149 II MStGO eine Wiedereinsetzung schon dann, wenn sich aus dem Vorbringen des Säumigen objektiv die Voraussetzungen einer Wiedereinsetzung ergaben. Auf einen Wiedereinsetzungswillen des Säumigen kam es seiner Ansicht nach nicht an. Um aber darzutun, daß es zudem in allen Fällen verspäteter Vornahme einer Prozeßhandlung an einem Wiedereinsetzungswillen nicht fehle, führt Gerland aus: es sei gar nicht einzusehen, warum der Wille gerade auf Wiedereinsetzung gerichtet sein müsse, oder vielmehr, warum Bewußtsein der „Möglichkeit" der Wiedereinsetzung [45]) verlangt werden solle. Denn eines sei doch „ohne weiteres klar": wer ein Rechtsmittel einlege, dessen w e i t e r e r Wille sei es, die ihm nachteilige Entscheidung zu beseitigen. Das „wie" sei hierbei irrelevant, entscheidend nur das „daß". Es sei selbstverständlich, daß, wenn der Berechtigte den Weg kennte, der ihn zum Ziele führt, er ihn auch einschlagen würde. Insofern könne man (wenn auch etwas ungenau) sagen, daß der weitere Wille des Berechtigten, die Entscheidung mit allen Mitteln zu beseitigen, auch die Restitutionsmöglichkeit mitumspanne, wenn auch das Bewußtsein der Möglichkeit eben dieses Weges fehle.

Gerland und das Reichsgericht gehen gemeinsam davon aus, daß derjenige, der eine fristgebundene Prozeßhandlung vornehme, sie wirksam vornehmen wolle und für den Fall, daß sie infolge Verspätung doch nicht wirksam ist, den weiteren Willen habe, sie wirksam werden zu lassen [46]).

Im Gegensatz zum Reichsgericht, das sich mit diesem „weiteren Willen" für einen Wiedereinsetzungsantrag begnügt [47]), erklärt Gerland ausdrücklich, daß damit dem Antragserfordernis im ordentlichen strafprozessualen Wiedereinsetzungsverfahren nicht Genüge getan sei, da die Strafprozeßordnung einer dem § 149 II MStGO entsprechenden Bestimmungen entbehre [48]).

D i e s e Ausführungen Gerland's sind aber nicht zutreffend. Auch der Entwurf einer Strafprozeßordnung aus dem Jahre 1908 sah ein „nicht förmliches Gesuch" vor, wollte damit aber nur der sowieso anerkannten Zulässigkeit stillschweigender Wiedereinsetzungsan-

---

[44]) Gerland GS 69, 194 (263).

[45]) Von fehlendem Bewußtsein der „Notwendigkeit" einer Wiedereinsetzung spricht Gerland zwar nicht. Aber wer nicht weiß, daß Versäumnisfolgen geheilt werden können, befindet sich psychisch in derselben Lage wie der, der sich einer Versäumnis nicht bewußt ist. In beiden Fällen kann ein aktueller Wiedereinsetzungswille nicht vorhanden sein.

[46]) Beim Reichsgericht kommt d i e s freilich nur in den Worten zum Ausdruck, daß der Kläger selbstverständlich eine fristwahrende Berufung habe einlegen wollen.

[47]) Vgl. auf Seiten 107 f.

[48]) Gerland GS 69, 194 (266).

träge Ausdruck verleihen [49]), aber nicht den Antragsbegriff abändern. Keine andere Bedeutung hatte auch § 56 I Satz 2 des Entwurfs eines Gesetzes über den Rechtsgang in Strafsachen, in dem bestimmt war, daß „auch ohne ausdrücklichen Antrag" Wiedereinsetzung bewilligt werden könne [50]).

Man wird aber Gerland und insoweit auch der herrschenden Lehre darin zustimmen müssen, daß in einer verspäteten Prozeßhandlung nur dann zugleich auch ein Wiedereinsetzungsgesuch liegt, wenn dem Versäumenden Möglichkeit und Notwendigkeit einer Wiedereinsetzung bewußt waren. Fehlt dieses Bewußtsein, dann mag man zwar von einem „weiteren" auf Wiedereinsetzung gerichteten Willen sprechen können; ein Wiedereinsetzungsantrag ist dann nicht gestellt, da ein bewußter (aktueller) Wiedereinsetzungswille nicht existiert. Der Wiedereinsetzungsantrag ist Prozeßhandlung, und zwar eine Erwirkungshandlung [51]). Eine Erwirkungshandlung ist aber eine von einem bestimmten und unmittelbaren Erwirkungswillen getragene Handlung [52]). Wer etwas erwirken würde für den Fall, daß ihm Notwendigkeit und Möglichkeit des zu Erwirkenden bekannt wären, der erwirkt tatsächlich n i c h t.

Sowohl das Reichsgericht [53]) als auch das Oberlandesgericht Koblenz [54]) haben also vom hier vertretenen Standpunkt aus von Amts wegen wiedereingesetzt, obwohl beide Gerichte n i c h t von Amts wegen wiedereinsetzen w o l l t e n, sondern einen erweiterten Antragsbegriff zugrunde legten [55]).

Ist das Bewußtsein der Fristversäumung ein subjektives Element des Wiedereinsetzungsantrages, dann wird man sich mit der bloßen Nachholung der versäumten Handlung nicht begnügen können, weil diese nicht erkennen läßt, ob der Säumige sich der Säumnis bewußt war [56]). Um feststellen zu können, ob der Säumige einen aktuellen Wiedereinsetzungswillen hat, wird man die nachgeholte Prozeßhandlung nur dann zugleich als Wiedereinsetzungsantrag behandeln dürfen, wenn aus der nachgeholten Handlung selbst die Ver-

---

[49]) Vgl. Strauß GS 108, 41 (53 f.).

[50]) Stein JW 1920, 149 f. zu Nr. 3 nimmt zu Unrecht an, daß nach dieser Fassung Wiedereinsetzung ohne weiteres auch bei fehlenden Bewußtsein einer Fristversäumnis zulässig sei.

[51]) Vgl. zu diesem Begriff: Schmidt Teil I Nr. 191 ff.

[52]) Vgl. auch Schmidt Teil I Nr. 192.

[53]) RGZ 169, 196 ff.

[54]) OLG Koblenz NJW/RzW 1951, 27 ff.

[55]) Eben deswegen ist die oben auf Seite 102 getroffene Feststellung gerechtfertigt, daß die Unzulässigkeit einer Wiedereinsetzung von Amts wegen „einhellige" Meinung sei.

[56]) Vgl. den Fall in RGStr. 53, 300 (301): der verspätete Schriftsatz trug den Vermerk: „Fristsache. Eilt sehr!" Mit Recht bemerkt das Reichsgericht, daß dieser Vermerk die Verspätung nicht erkennbar mache.

spätung ersichtlich ist[57]). Diesbezügliche Angaben bieten eine gewisse Gewähr dafür, daß der Antragsteller die Fristversäumnis kannte.

Diese Grenzziehung ermöglicht nunmehr eine genaue Bestimmung des für eine Wiedereinsetzung von Amts wegen verbleibenden Bereiches.

Eine Wiedereinsetzung von Amts wegen ist schon wegen der Natur der Wiedereinsetzung als gerichtliche Zulässigkeitserklärung nur dann möglich, wenn zumindest seitens des Säumigen die versäumte Handlung bereits nachgeholt worden ist. Andernfalls fehlt der prozessuale Gegenstand für einen Richterspruch im Wiedereinsetzungsverfahren. Auch die Gesetze, die eine Wiedereinsetzung von Amts wegen kennen, gewähren sie nur, falls die versäumte Prozeßhandlung bereits nachgeholt ist[58]).

Inwieweit ein Gericht gegebenenfalls gehalten ist, die Nachholung einer versäumten Prozeßhandlung von Amts wegen anzuregen, kann hier dahingestellt bleiben. Versteht sich ein Gericht zu solcher Anregung, kann zugleich auch die Einreichung eines Wiedereinsetzungsantrages gefordert werden, so daß gerade hier kein Anlaß zu einer Wiedereinsetzung von Amts wegen besteht.

Einer Wiedereinsetzung von Amts wegen sind nach dem oben über den Wiedereinsetzungsantrag Gesagtem also allenfalls verspätete Prozeßhandlungen, die keinen Hinweis auf die Verspätung enthalten, zugänglich und bedürftig.

Hier wird nun die Erkenntnis bedeutsam, daß derjenige, der eine Anfechtungshandlung vornimmt, deren Erfolg will und dieser Erfolgswille in einem weiteren Sinne auch darauf gerichtet ist, die dem erstrebten Erfolge dienlichen prozessualen Mittel zu ergreifen[59]). Dieser potentielle Wille zur Wiedereinsetzung ist zwar insofern unbeachtlich, als er kein ausreichender Antragswille ist. Tatsächlich von Belang ist dieser indirekte Wiedereinsetzungswille aber bei einer eventuellen Wiedereinsetzung von Amts wegen: er bietet die Garantie dafür, daß auch bei einer Wiedereinsetzung von Amts wegen in einem weiteren Sinne nur dem Willen des Säumigen Genüge getan wird. Dadurch wird der dem Antragserfordernis des § 44 auch zugrundeliegende Gedanke berücksichtigt, daß Wiedereinsetzung regelmäßig nicht gegen den Willen des Säumigen erteilt werden soll[60]).

---

[57]) So richtig: OGHZ 3, 262 (264 f.) und die auf Seite 105 in Anmerkung 24) Genannten.

[58]) Vgl. § 87 IV AO und § 36 III VO 165.

[59]) Vgl. insbesondere die Seiten 108 f.

[60]) Die Staatsanwaltschaft kann Wiedereinsetzung für den Angeklagten theoretisch allerdings auch gegen dessen Willen beantragen: vgl. oben auf Seite 108.

Für eine Wiedereinsetzung von Amts wegen sprechen vor allem prozeßökonomische Erwägungen.

Nach Ansicht der herrschenden Lehre ist es ein „nobile officium" des Richters, gegebenenfalls auf die Verspätung einer Prozeßhandlung aufmerksam zu machen[61]), oder den Säumigen zu befragen, ob er mit einem bestimmten Verhalten eine Bitte um Wiedereinsetzung zum Ausdruck bringen wolle[62]). Das Kammergericht[63]) hat sogar erklärt, daß, wenn aus den „Umständen des Falles" zu entnehmen sei, daß ein Prozeßbeteiligter unverschuldet an der Fristwahrung gehindert gewesen sei, das Gericht den Sachverhalt nach dieser Richtung aufzuklären und Gelegenheit zu bieten habe, einen Antrag auf Wiedereinsetzung zu stellen[64]). Eine „Verletzung dieser Pflicht" ist nach Ansicht des Kammergerichtes sogar ein Verfahrensmangel.

Es ist aber ein den Verfahrenslauf hindernder Formalismus, dem Gericht zwar die Verpflichtung aufzuerlegen, gegebenenfalls auf die Stellung eines Wiedereinsetzungsantrages hinzuwirken, ihm die Möglichkeit sofortiger Wiedereinsetzung von Amts wegen jedoch zu versagen[65]). Das Ergebnis der von der herrschenden Meinung verlangten richterlichen Hinweise und Anregungen ist in aller Regel von vorneherein nicht zweifelhaft, eben deswegen, weil derjenige, der eine befristete Prozeßhandlung vornimmt, auch deren Erfolg will und somit nötigenfalls auch eine Wiedereinsetzung. Der Antrag, auf den der Richter von Amts wegen hinwirken soll, dient im Grunde also nur dazu, den formalen Erfordernissen der §§ 44 f. gerecht zu werden. Wenn man den Richter im Wiedereinsetzungsverfahren schon von Amts wegen tätig werden lassen will, dann ist es doch angebracht, diese Tätigkeit möglichst prozeßökonomisch zu gestalten, ihm also die Befugnis zu geben, auch ohne vorherige Veranlassung eines förmlichen Antrags wiedereinzusetzen. Selbst wenn sich nach vollzogener Wiedereinsetzung herausstellen sollte, daß sie ausnahmsweise nicht dem Willen des Säumigen entsprach, so ist ein nennenswerter Schaden nicht entstanden. Der Säumige ist nicht verpflichtet, das nachträglich zugelassene Anfechtungsmittel etwa weiter zu verfolgen. Die Kosten der Wiedereinsetzung (§ 473 III) wird in einem solchen Falle die Staatskasse tragen müssen, was wegen der praktisch äußersten Seltenheit derartiger Ereignisse nicht bedenklich ist.

---

[61]) So: Dalcke 2 zu § 44; auch: OLG Hamburg JR 1955, 31 (32).

[62]) So: RErbhG JW 1935, 615 Nr. 23; LAG Hamburg LAG. 18, 82 (85); Strauß GS 108, 41 (53).

[63]) KG JW 1927, 1596 Nr. 1.

[64]) Vgl. auch den Sachverhalt in RG LZ 1919, 58.

[65]) Zum Beispiel oftmals bei Versäumnis der kurzen Frist des § 140 III (Antrag auf Bestellung eines Verteidigers).

Eine Wiedereinsetzung von Amts wegen ist allerdings nur dann möglich, wenn die Versäumnisgründe und sonstigen Wiedereinsetzungstatsachen aktenkundig sind. Ermittlungen von Amts wegen in dieser Richtung sind oftmals schon praktisch sehr schwierig, weil die Säumnisgründe vielfach in der rein privaten Sphäre des Säumigen liegen und deswegen amtlicher Erfassung sehr schwer zugänglich sind [66]). Der einfachere Weg ist hier, den Säumigen zur Angabe und Glaubhaftmachung der Gründe seiner Säumnis anzuhalten. In solchen Fällen zugleich die Einreichung eines Wiedereinsetzungsgesuches anzuregen, setllt dann keine zusätzliche Belastung dar.

Eine Verpflichtung des Gerichtes, bei Aktenkundigkeit aller Wiedereinsetzungstatsachen ohne weiteres von Amts wegen wiedereinzusetzen, wird man allerdings nicht statuieren können. Es muß vielmehr dem pflichtgemäßen Ermessen des Richters überlassen bleiben, ob er von Amts wegen wiedereinsetzen will oder nicht. Die Erfolgsaussichten des verspäteten Anfechtungsmittels oder der sonstigen verspäteten Prozeßhandlung werden für die richterliche Entschließung von Bedeutung sein können [67]).

Unter all diesen Beschränkungen wird man eine Wiedereinsetzung von Amts wegen zulassen können. Bei überlegter und maßvoller Anwendung wird sie sich sowohl als ein der Gerechtigkeit als auch der Prozeßökonomie dienliches Mittel erweisen.

---

[66]) Das BayrObLGStr. 2, 161 (162) hält Ermittlungen von Amts wegen über geltend gemachte Versäumnisgründe für zulässig, das RMG. 4, 296 (299) Ermittlungen von Amts wegen zur „Ergänzung“ vorgetragener Säumnisgründe. Das RAG JW 1937, 2670 Nr. 32 hat sich jedoch dagegen ausgesprochen.

[67]) Die Aussicht eines Anfechtungsmittels ist im Wiedereinsetzungsverfahren im allgemeinen allerdings nicht zu prüfen. Vgl. aber: KG HRR 1928 Nr. 54.

FSC
www.fsc.org
MIX
Papier | Fördert gute Waldnutzung
FSC® C083411

Kolibri 360 GmbH
Ferdinand-Jühlke-Straße 7
99095 Erfurt, Deutschland
produktsicherheit@kolibri360.de